BETTINA EBERLE – **FASZINATION GLAS**

: Haupt

Bettina Eberle

Faszination Glas

Ein Arbeitsbuch für
Glass Fusing, Glasmalerei und
Flammenarbeit mit Glas

3. Auflage

Haupt Verlag
Bern · Stuttgart · Wien

Für Markus, Seraina und Gian-Andrea

Einen besonderen Dank an meinen Mann, meine Mitarbeiterinnen Edeltraud und Susanne, an meinen Vater sowie Susi und Claudia für ihre Unterstützung

Den Firmen Cerdec AG, Keramische Farben, Frankfurt/Main, und Michel Keramikbedarf, Zürich, danke ich für die gute Zusammenarbeit.

Zur Autorin
Bettina Eberle unterrichtete viele Jahre in der Schweiz und im Ausland in einem eigenen Porzellanmalatelier, bevor sie sich dem Glas zuwandte. In den USA lernte sie die Glass-Fusing-Technik kennen und begann, sich in Theorie und Praxis mit den verschiedenen Techniken von Glasherstellung und -bearbeitung auseinanderzusetzen. Vor einigen Jahren gründete sie mit ihrem Mann eine eigene Firma, die mit Erfolg hochstehende Glasdesign-Objekte herstellt und vertreibt.

Anmerkung des Verlages
Das Arbeiten mit Glas ist mit Risiken verbunden. Bevor Sie ein Gerät oder einen Farbstoff benutzen, lesen Sie die Gebrauchsanweisungen und befolgen Sie alle Sicherheitsvorschriften. Wir gehen davon aus, dass alle in diesem Buch beschriebenen Angaben und Empfehlungen über Verfahren und Techniken richtig sind; doch können weder die Verfasserin noch die Inhaber des Urheberrechts oder der Verlag irgendwelche Haftung für Schäden übernehmen.

1. Auflage: 1997
2. Auflage: 2000
3. Auflage: 2005

Bibliografische Information der *Deutschen Bibliothek*:
Die Deutsche Bibliothek verzeichnet diese Publikation in der Deutschen Nationalbibliografie; detaillierte bibliografische Daten sind im Internet über http://dnb.ddb.de abrufbar.
ISBN 3-258-06230-7

Alle Rechte vorbehalten
Copyright © 1997 by Haupt Berne
Jede Art der Vervielfältigung ohne Genehmigung des Verlages ist unzulässig
Printed in Italy

Fotografien: Susi Müller, CH-Frauenfeld
Gestaltung, Satz: Atelier Mühlberg, CH-Basel: Birgit Blohmann

Haben Sie Anregungen für unser Programm? Möchten Sie uns zu einem Buch ein Feedback geben? Wünschen Sie regelmäßig Informationen über unsere neuen Kunsthandwerk-Titel? Dann besuchen Sie uns bitte im Internet auf **www.haupt.ch**. Dort finden Sie aktuelle Informationen zu unseren Neuerscheinungen und können unseren Newsletter erhalten.

Inhaltsverzeichnis

Einleitung

Gedanken zum Buch — 9

Was ist Glas — 11

Glass Fusing

Was heisst Glass Fusing — 15

Ausrüstung und Material — 16

Technische Grundlagen — 19
- Glas schneiden, brechen und kröseln — 19
- Glas schleifen — 24
- Den Ofen vorbereiten und bestücken — 25
- Spannung im Glas (Stress) — 26
- Brennabläufe und Temperaturangaben — 28
- Formen und Formenmaterial — 31

Glass-Fusing-Projekte — 32
- Projekt 1 – Platzteller — 32
- Projekt 2 – Flache Wandlampe — 34
- Projekt 3 – Blaue Seifenschale — 37
- Projekt 4 – Fensterdekoration — 38
- Projekt 5 – Schmuck — 42
- Projekt 6 – Serviettenhalter — 46
- Projekt 7 – Kleine Schale — 48
- Projekt 8 – Ovaler Spiegel — 50
- Projekt 9 – Gewölbte Wandlampe — 53
- Projekt 10 – Quadratische Schale — 56
- Projekt 11 – Runde Schale — 58
- Projekt 12 – Wandobjekt — 62

Glasmalerei

Wissenswertes — 67

Ausrüstung und Material — 68

Technische Gundlagen — 70
- Farben anmischen — 70
- Grossflächig Seidenmatt stupfen — 71
- Federarbeit — 72
- Pinselarbeit — 73
- Goldarbeiten mit Pinsel und Feder — 75
- Reliefauftrag — 76
- Kristalleis — 77
- Interferenzfarben — 79
- Lüsterfarben — 80
- Arbeiten mit Abdeckfolie — 83
- Arbeiten mit Abdecklack — 85
- Indirekter Siebdruck — 86
- Trockenauftrag — 90

Glasmalerei-Projekte — 92
- Projekt 1 – Dekorkugeln — 92
- Projekt 2 – Kerzenteller — 95
- Projekt 3 – Blaue Seifenschale — 96
- Projekt 4 – Windlicht — 97
- Projekt 5 – Hängelampe — 99
- Projekt 6 – Platzteller — 101
- Projekt 7 – Flache Wandlampe — 104
- Projekt 8 – Vase — 107
- Projekt 9 – Champagner-Gläser — 110
- Projekt 10 – Schlanke Vase — 115
- Projekt 11 – Blumenvase — 117
- Projekt 12 – Kugelvase — 120

Projekt 13 –	Glastüte	122
Projekt 14 –	Wandspiegel	125
Projekt 15 –	Schale mit Aztekenkalender	127
Projekt 16 –	Tiefe Schale	130
Projekt 17 –	Bild	133

Flammenarbeit

Wissenswertes	**137**
Ausrüstung und Material	**138**
Korrekte Arbeitsabläufe	**140**
Flammenarbeit-Projekte	**141**
Projekt 1 – Glasperlen	141
Projekt 2 – Pflanzenstecker	144
Projekt 3 – Verformung von Trinkgläsern	146

Trouble Shooting   **149**

Literaturverzeichnis und Bezugsquellen   **151**

Sachregister   **152**

EINLEITUNG

Glas, Glas
Was ist das?
Es ist und ist nicht,
Es ist Licht und kein Licht,
Es ist Luft und nicht Luft,
Es ist duftloser Duft.
Und doch ist es hart,
Ungesehen harte Gegenwart
Dem gefangenen Vogel, der es nicht sieht
Und den es in die Weite zieht.
Ein Lied möchte ich dichten von Glas,
Einen Hymnus ersinnen
Im Geiste tief innen vom trockenen Nass.
Glas, Glas
Was ist das?
Es glänzt wie Wasser und ist nicht nass.
Giess Wasser in ein gläsernes Glas
Klar und rein:
Es wird Glas im Glase sein.
Und ist es Wein,
Dann ist das gläserne Glas voll Farbe und Duft,
Und selber das Glas, ist nichts oder Luft:
Eine Form aus Luft, eine Form aus Nichts,
Ein leeres, leuchtendes Kind des Lichts.
Wo bist du Glas? Ich sehe dich nicht,
Nur den Strahl, der sich in dir bricht.
Du bist vielleicht nur ein Gleichnis vom Geist,
Ein Spiegel von Bildern und Strahlen gespeist.
Geist hat weder Zeit noch Ort
Und ist trotzdem aller Horte Hort.

Auszug aus Gerhart Hauptmann ‹Ährenlese›,
in: Sämtliche Werke, Band 4, Centenar-Ausgabe,
1964 Propyläen Verlag; Copyright by Ullstein Verlag GmbH

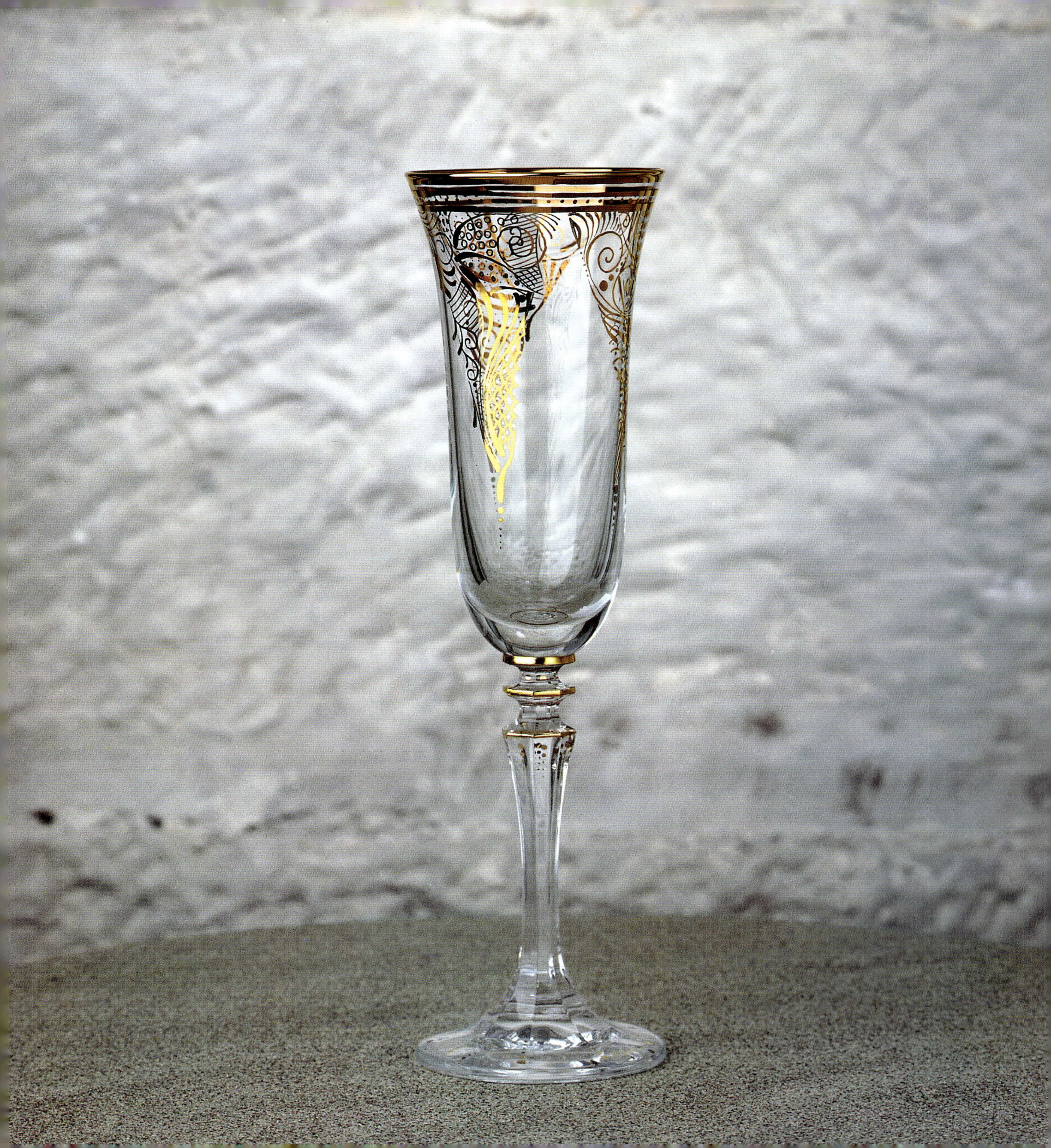

Einleitung

Gedanken zum Buch

Es gibt wohl kaum eine schönere Antwort auf die Frage «Was ist Glas?» als das Gedicht von Gerhart Hauptmann. Vor vielen Jahren schon hat das Material Glas mich zu interessieren begonnen, und heute füllt die Arbeit mit Glas und seinen vielen Gestaltungsmöglichkeiten meinen Alltag aus. Mit diesem Buch möchte ich meine Faszination weitergeben und den Werkstoff Glas anderen Menschen näher bringen, sie dazu bewegen, ihren Blick für das Schöne, Besondere und Harmonische in einer ‹gläsernen› Dimension zu entdecken.

Während meiner langjährigen Erfahrung im In- und Ausland als Kursleiterin der Glas- und Porzellanmalerei, hielt ich meine Schülerinnen und Schüler immer dazu an, ihre eigenen Ideen auszuleben und frei zu gestalten. Oft wurde ich gefragt, woher ich alle meine Ideen hätte. Dafür gibt es kein allgemein gültiges Rezept, aber eine Voraussetzung ist sicher, mit offenen Augen und Sinnen herumzugehen. Viele Eindrücke, Erfahrungen und Erlebnisse lassen sich in individuelle und persönliche Kreationen umsetzen, die ganz klar die Handschrift der Gestalterin oder des Gestalters tragen. Oft helfen beim Einfangen solcher Ideen eine einfache Skizze oder ein paar Stichworte. Zu Hause wird das Ganze dann zu Papier gebracht. Auf diese Weise habe ich dann immer Ideen auf Lager.

Ich bin der Meinung, dass jeder Mensch die Fähigkeit, sicher aber das Bedürfnis hat, sich auf irgend eine Weise künstlerisch auszudrücken. Welch ein wunderschöner Ausgleich zu unserem oft so hektischen Alltag! Nützen Sie die Gelegenheit aus, sich mit dem Werkstoff Glas zu entfalten. Gewinnen Sie mit der Hilfe meines Buches Freude an aussergewöhnlichen Glaskreationen. Realisieren Sie den Wunsch, diese Kreationen zu verwirklichen. Stehen Sie zu Ihren eigenen Ideen, wenn Sie auch noch so ausgefallen und auf den ersten Blick unausführbar sind. Die Gedanken sind frei und die Möglichkeiten beinahe unerschöpflich.

Dieses Buch soll Ihnen die technischen Grundlagen vermitteln, damit Sie Ihre Ideen korrekt in eigene Kreationen umzusetzen vermögen. Dazu werde ich Sie in drei verschiedene Gestaltungstechniken einführen, das Glass Fusing, die Glasmalerei und die Flammenarbeit mit Glas. In jeder dieser Techniken stecken ganz besondere Gestaltungsmöglichkeiten und zudem können sie miteinander kombiniert werden, wie in einigen Projekten gezeigt wird. Allen gemeinsam ist jedoch das faszinierende Ausgangsmaterial Glas.

EINLEITUNG

❱ *Glass Fusing*

Im ersten Teil über Glass Fusing werden wir die grundlegenden Verarbeitungsarten dieser Technik behandeln, das heisst Gläser zusammenschmelzen und formen. Die Projekte im Glass-Fusing-Teil geben einen Überblick über dieses phantastische Kunsthandwerk. Schon im alten Ägypten wurden Objekte in der Glass-Fusing-Technik hergestellt. Einige der Projekte dienen uns auch als Basis für den zweiten Teil, die Glasmalerei.

❱ *Glasmalerei*

Der Glasmalerei mit ihren unzähligen Möglichkeiten werden wir in diesem Buch besondere Aufmerksamkeit schenken. Wir erarbeiten verschiedene Techniken und wenden sie an, um effektvolle Resultate zu erzielen. Am wohl bekanntesten ist die Glasmalerei auf Kirchenfenstern und Wappenscheiben sowie im Siebdruck auf Trinkgläsern angewendet (Firmenlogos oder Produktebezeichnungen).

Alle Projekte sind Gebrauchsgegenstände, die im Haushalt den Alltag verschönern und die auch als Geschenke viel Freude bereiten werden. Die Glasmalerei ist eine leider noch nicht sehr bekannte Gestaltungsart. Durch die hier gezeigten Projekte wird sie aber sicher viele neue Freunde gewinnen.

❱ *Flammenarbeit*

Die Flammenarbeit werden wir nur streifen, da für richtige Flammenarbeit Propangas und Sauerstoff notwendig sind. Um diese fachgerecht anzuwenden, bedarf es eines eigenen, dicken Buches. Deswegen werden wir uns auf Glasperlen für die Schmuckgestaltung und Glasdeformationen beschränken, die mit einer Mehrzwecklötlampe und Glasstangen und -rohren gefahrlos ausgeführt werden können.

Die einzelnen Techniken werden in den entsprechenden Kapiteln ausführlich besprochen. Alle Projektbeschriebe schildern den jeweiligen technischen Entstehungsprozess genau, und die vielen Fotografien der Abläufe sollten zum Verständnis beitragen. Die Projekte sind in den verschiedensten Ausführungsarten realisiert. Nutzen Sie diese Informationen zur Gestaltung Ihrer eigenen Kreationen. Viel Spass beim Gestalten mit Glas und gutes Gelingen!

Was ist Glas?

Unterscheidung nach der chemischen Zusammensetzung

> *Natronkalkglas*

Natronkalkglas besteht aus 6/8 Sand (Siliziumoxid), 1/8 Natron und 1/8 Kalk (Kalziumoxid). Natronkalkglas ist das verbreitetste Glas. Flaschen, Konservengläser, einfache Trinkgläser usw. sind aus diesem Material hergestellt. Da Natronkalkglas die grösste Lichtdurchlässigkeit der gängigen Gläser hat, wird es auch für Fenster verwendet.

> *Bleiglas (Kristallglas)*

Bleiglas besteht aus 6/10 Sand, 3/10 Bleioxid und 1/10 Soda und Pottasche (Kalziumkarbonat). Bleiglas hat eine sehr hohe Lichtbrechung und ist deswegen für geschliffene Verzierungen geradezu ideal. Edle Trinkgläser, Vasen und Ziergegenstände werden meistens aus Bleiglas hergestellt. Das Blei ist in Form von Bleioxid im Bleikristallglas in gelöster Form enthalten. Es ist ein fester Bestandteil der Masse, die beim Gebrauch der Trinkgläser kein Blei abgibt.

> *Borsilikatglas*

Borsilikatglas besteht aus 8/10 Sand, 1/10 Bordioxid und 1/10 Soda und Pottasche (Kalziumkarbonat). Borsilikatglas hat eine sehr hohe chemische Resistenz und ist sehr unempfindlich gegen Temperaturschwankungen. Borsilikatglas wird hauptsächlich für die chemische Industrie, Ampullen, Medikamentenbehälter, Glühlampen und feuerfestes Geschirr verwendet. Auch kunsthandwerkliche Glasbläser verwenden meistens Borsilikatglas.

> *Spezialgläser*

Dazu gehören optische Gläser (Brillengläser), Glasleiter im Elektronikbedarf, in der Elektrotechnik, im medizinischen Bereich (Röntgengläser, Röntgenbilderscheiben). Jedes dieser Gläser wird nach einem speziellen Rezept und für die gewünschte Anwendung hergestellt.

Unterscheidung nach der Herstellungsart

Alle Gläser werden auf die gleiche Weise hergestellt. Die Zutaten werden gut gemischt und in einem Ofen zusammengeschmolzen. Um den Schmelzvorgang zu beschleunigen bzw. einen tieferen Schmelzpunkt zu erhalten, werden dem Gemenge Flussmittel zugefügt. Das bekannteste Flussmittel ist Natriumoxid.

> *Flachglas*
> - Tafelglas, mundgeblasen oder maschinengezogen
> - Floatglas, auf einem Zinnbad schwimmend hergestellt (siehe S. 13)
> - Gussglas, gegossen und gepresst, zum Beispiel Drahtglas

> *Hohlglas*
> - Mundgeblasenes Glas, Gläser, Vasen usw.
> - Maschinell geblasenes Glas, Flaschen, Seriengläser usw.

> *Spezialglas*
> - Chemisch-technisches Hohlglas (Geräteglas)
> - Optische Gläser
> - Glasfasern, Glaswolle, Textilglas
> - Glasröhren, Glasstäbe

Unterscheidung nach den Verarbeitungs- und Gestaltungsarten

> *Glasblasen*

Das Rohmaterial des Glasbläsers sind Glasröhren oder -stangen, mit denen er über einer Flamme arbeitet. Hierzu benötigt man ein Gasgemisch aus Propan und Sauerstoff. Glasbläser arbeiten bei etwa 1400 °C. Ihre Dekorationswerkzeuge sind aus Metall oder Graphit. Kurz am gelbglühenden, weichen Glas angewendet, kleben diese Werkzeuge nicht am Material. Glasmacher hingegen nehmen einen Klumpen Glas mittels einer Glaspfeife aus dem Ofen und blasen daraus die wunderbarsten Objekte bei 1200 bis 1400 °C. Für die Formgebung benötigen sie meistens nasse Holzformen. Durch die Hitze des Glases verdunstet die Feuchtigkeit im Holz, und der Dampf bildet dadurch die Trennschicht zwischen Holz und Glas, so dass das Glas am Holz nicht kleben bleibt und die Holzform nicht verbrennt.

> *Glasgiessen*

Beim Glasgiessen wird flüssiges Glas aus dem Schmelzofen entnommen, in eine Form gegossen und meistens noch gepresst. Die Temperaturen liegen dafür bei 1200 bis 1400 °C.

> *Glass Fusing*

Der Name für diese Technik ist englisch und bedeutet «Glas zusammenschmelzen». Glass Fusing wird in einem elektrischen Ofen bei Temperaturen von 800 bis 900 °C durchgeführt. Mehrere Scheiben Glas werden zusammengeschmolzen. Das Glas wird dabei nicht flüssig, sondern nur weich.

> *Glasschleifen*

Kristallgläser werden oft geschliffen. Da Glas ein sehr hartes Material ist, wird mit speziellen Schleifmitteln und diamantbeschichteten Werkzeugen gearbeitet.

> *Glasritzen*

Mit einem kleinen, diamantbeschichteten Instrument können kleine Muster ins Glas geritzt werden.

> *Glasmalen*

Glasfarben werden mit einem speziellen Öl angemischt, auf das Glas aufgetragen und bei etwa 560 °C eingebrannt.

Unterscheidung nach industrieller Produktionsart

❯ *Glasblasen*

Computergesteuert wird die exakte Menge Glas dem Schmelzofen entnommen, an die Blasvorrichtung gebracht und mit genau dem richtigen Luftdruck in die Form geblasen. Auf diese Weise entstehen zum Beispiel die Flaschen von Coca-Cola.

❯ *Glasgiessen*

Floatglas (engl. float: schwimmen) ist eine andere Bezeichnung für Fensterglas. Fensterglas wird schwimmend hergestellt. Das geschieht so: Am Ende eines Schmelzofens ist ein Zinnbad angebracht. Flüssiges Glas wird darauf ausgeleert und durch eine Führungsschiene zur gewünschten Dicke gebracht. Das Zinnbad gewährleistet eine absolut flache Seite. Früher wurde das Fensterglas durch eine Rollenvorrichtung gezogen. Das hinterliess Spuren im Glas. Durch das Schwimmen auf Zinn werden diese Unregelmässigkeiten vermieden.

❯ *Glaspressen*

Eine geringe Menge flüssiges Glas wird in eine Form geleert. Ein Gegenstück wird darauf gepresst. So entstehen Glasstücke in vielen Formen. Diese Art der Glasherstellung kann schnell und in grosser Stückzahl erfolgen.

Farbgebung verschiedener Gläser

Um farbige Gläser zu erhalten, werden dem jeweiligen Gemenge Metalloxide beigemischt, und dann erst wird das Glas geschmolzen. Für opake (nicht durchsichtige) Gläser fügt man dem Gemenge ausserdem noch Fluoride als Trübungsmittel zu. Die Tabelle gibt einen Einblick in Farbnuancen, die durch Metalloxide erreicht werden:

METALLOXID	FARBE
Kobaltoxid	hell- bis dunkelblau
Kupferoxid	blaugrün
Silberverbindungen	gelb
Uranoxid	grünlich-gelb
Eisenoxid	grün
Selen	rosa bis orange
Gold	rubinrot bis rosa
Mangandioxid	burgunderrot

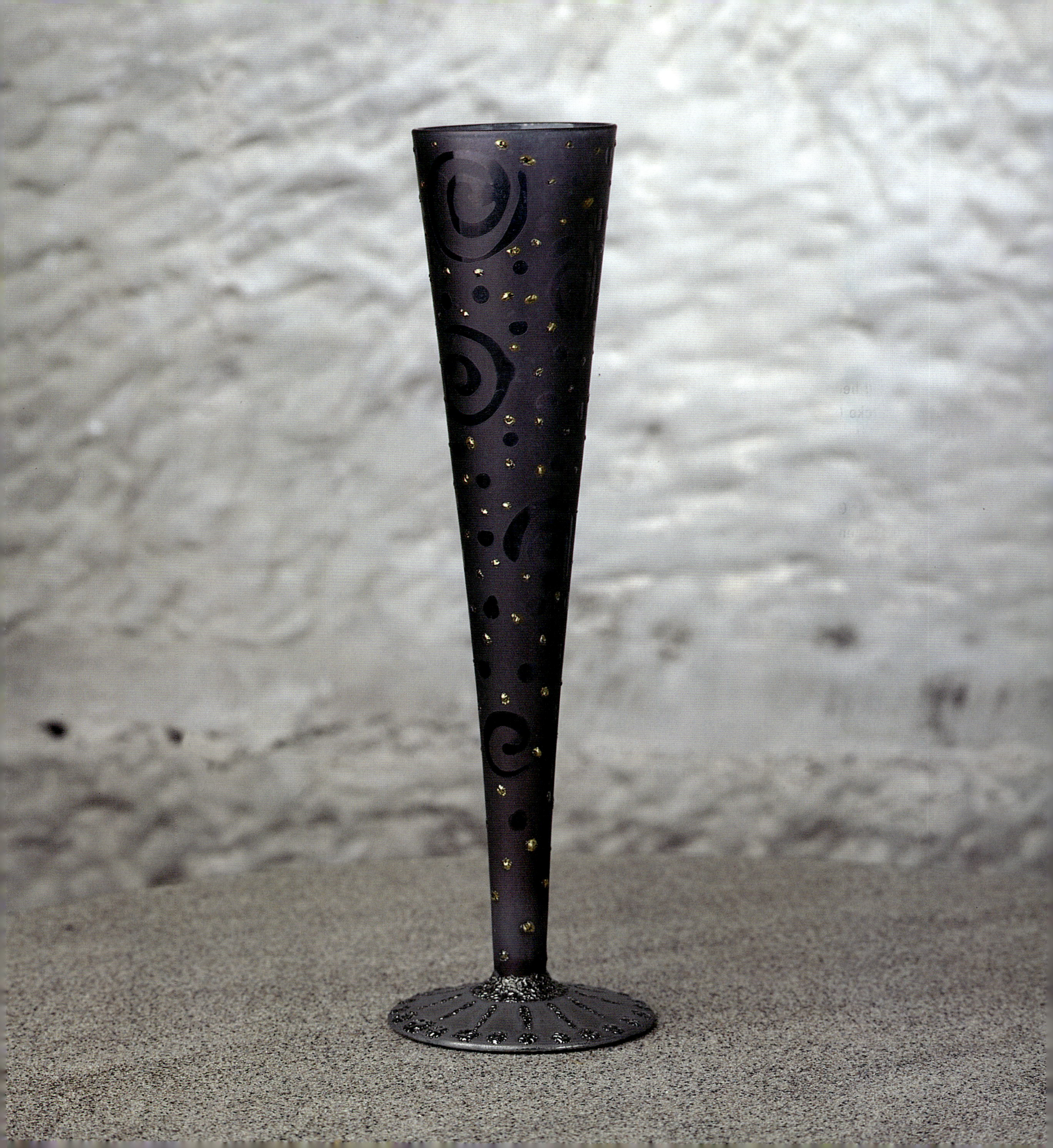

Glass Fusing

Was heisst Glass Fusing?

Glass Fusing bedeutet das Zusammenschmelzen verschiedener Glasstücke (engl. to fuse: zusammenbringen, zusammenschmelzen). Heute spricht man von der Glasgestaltung in der Glass-Fusing-Technik. Dahinter verbirgt sich nicht nur der Schmelzvorgang, sondern auch das Formen der Glasstücke. Das Prinzip des Glass Fusing besteht darin, eine solide Glasplatte aus einzelnen Glasstücken, die neben- oder übereinander gelegt und in einem Brennofen zusammengeschmolzen werden, herzustellen. Diesen ersten Arbeitsgang nennt man Fullfuse-Brand. Die so entstandene Platte wird in einem zweiten Arbeitsgang – wieder in einem Brennofen – geformt, zum Beispiel zu einer Schale. Dazu benötigt man verschiedene Trägerformen, in die man die Glasscheibe absenken oder auf der man sie überformen kann.

Abbildung 1
1. Wasserfester Filzstift
2. Schneideöl
3. Glasschneider
4. Kröselzange
5. Brechzange
6. Kreisschneider
7. Glas
8. Keramikform
9. Fiberform
10. Fiberfolie
11. Bleistift
12. Metallmassstab
13. Hitzebeständige Handschuhe
14. Shelf Primer (Trennmittel)
15. Stressometer

Ausrüstung und Material

❭ *Wasserfester Filzstift*
Damit kann man bestens auf dem Glas vorzeichnen. Entfernen lässt sich die wasserfeste Farbe problemlos mit Brennsprit.

❭ *Schneideöl*
Dieses benötigen Sie, um einen perfekten Schnitt zu erhalten und den Glasschneider zu schonen. Tropfen Sie ein wenig Öl auf den Schnittanfang, und ziehen Sie den Schneider von dort an zügig weg.

❭ *Glasschneider*
Dies ist Ihr wichtigstes Gerät! Achten Sie darauf, einen sehr guten Schneider mit Ölreservoir zu kaufen. Damit erhalten Sie den besten Schnitt. Ein guter Schnitt ist die Voraussetzung, um Glas schön brechen zu können. Lagern Sie Ihren Glasschneider stehend in einem Behälter mit ein wenig Schneideöl darin.

❭ *Kröselzange*
Mit der Kröselzange bricht man kleinste Teile von der Schnittlinie weg. Ausserdem ist sie ideal, um schmale Streifen wegzubrechen.

❭ *Brechzange*
Die Brechzange ist ein praktisches Gerät, um Glas zu brechen, und sie ist speziell geeignet für gerade Schnitte. Setzen Sie die Markierung auf die Schnittlinie, und drücken Sie die Zange langsam zu, bis das Glas bricht.

❭ *Kreisschneider*
Wenn man öfters Scheiben schneidet, ist der Kreisschneider ein unerlässliches Gerät. Er funktioniert wie ein Zirkel. Der Saugnapf in der Mitte verhindert das Verrücken des Gerätes auf dem Glas.

❭ *Glas*
Das wichtigstes Element des Glass Fusing ist natürlich das Rohmaterial Glas. Für diese Technik eignen sich opake Gläser, transparente Gläser, Glasspaghettis (auch Stringers genannt), die als Dekorationselemente eingesetzt werden, Glas-Chips und kleine Glasscherben (vgl. Abschnitt über das Glas auf Seite 11).

❭ *Keramik- und Fiberformen*
Keramik- und Fiberformen sind Hilfsmittel, um Ihr Glas zu einer Schale oder einem Teller zu formen. Sie sind in verschiedenen Grössen und Formen im Handel erhältlich (siehe Bezugsquellen S. 151). Die genaue Anwendung und Verarbeitung von Formenmaterial wird auf Seite 31 im Abschnitt «Formenmaterial» ausführlich behandelt.

❭ *Fiberfolie*
Fiberfolien sind in einer Dicke von 1 mm bis 10 mm erhältlich. Dies ist ein geeignetes Material für ausgefallene Kreationen (siehe ebenfalls im Abschnitt «Formenmaterial»).

❭ *Bleistift*
Der Bleistift ist Ihr ständiger Begleiter, damit Sie alle Ideen spontan aufzeichnen können.

❭ *Metallmassstab*
Der für das Arbeiten auf Glas geeignete Metallmassstab ist an der Unterseite mit Gummistreifen versehen, die ein Verrücken verhindern. So ausgerüstet ist er ein ideales Werkzeug, um gerade Schnitte mit dem Glasschneider auszuführen.

❭ *Hitzebeständige Handschuhe*
Oft muss man den Ofen bei hoher Temperatur öffnen. Um sich dabei zu schützen, benützt man diese Handschuhe.

GLASS FUSING

Abbildung 2
Der Ofen für das Glass Fusing und die Glasmalerei

GLASS FUSING

> *Shelf Primer (Trennmittel)*
>
> Beim Schmelzen klebt Glas auf jeder Oberfläche, mit der es in Kontakt kommt. Um dies zu vermeiden, streicht oder sprüht man jede Unterlage mit Shelf Primer ein. Shelf Primer ist eine Mischung aus Kaolin und Aluminiumoxid, leicht eingefärbt und im Verhältnis 1:4 angemischt. Die Anwendung werden wir auf Seite 25 im Abschnitt «Den Ofen vorbereiten» erklären.
>
> *Glasemail-Farben*
>
> Einige der Projekte werden nicht bemalt, sondern mit pulverförmigen Glasemail-Farben bestreut, in die man nach dem Auftrag Muster zeichnen kann. Die Farben erfordern einen zusätzlichen Brand (siehe Bezugsquellen).
>
> *Stressometer*
>
> Dieses Gerät erlaubt es, Stress (Spannung) im Glas optisch zu erkennen. Wie man genau vorgeht, wird auf Seite 26 im Abschnitt «Spannung im Glas» beschrieben.
>
> *Ofen*
>
> Achten Sie bei der Auswahl des Ofens darauf, dass der Ofen für die Glasverarbeitung konstruiert ist. Der Ofen muss mit einer Deckenheizung und Seitenheizung versehen sein, welche stufenlos und unabhängig voneinander regulierbar sind. Mit solch einem Ofen können Sie alle hier beschriebenen Glass-Fusing-Projekte realisieren sowie die bemalten Gläser aus dem zweiten Teil brennen. Der Ofen ist auch absolut geeignet für das Brennen von Porzellanmalereien. Sicherheit, Wirtschaftlichkeit und Zuverlässigkeit sind unverzichtbare Kriterien bei der Beschaffung. Beachten Sie bei der Anschaffung unbedingt die Sicherheitsvorschriften Ihres Landes. Empfehlungen für die Ofenwahl finden Sie im Kapitel «Bezugsquellen» auf Seite 151. Verschiedene Standard-Brennabläufe werden auf Seite 28 im Abschnitt «Brennabläufe und Temperaturangaben» genau erläutert.
>
> *Rundkopf-Schleifmaschine*
>
> Die Rundkopf-Schleifmaschine ist auf Seite 24 (Abbildung 12) abgebildet. Sie brauchen sie, um die Bruchkanten der Glasstücke zu schleifen.

Technische Grundlagen

GLAS SCHNEIDEN, BRECHEN UND KRÖSELN

Da Glas ein hartes, brüchiges Material ist, braucht es nur angeritzt zu werden, damit es sich dort brechen lässt, wo man es will. Heutzutage stehen uns verschiedene Hilfsmittel zur Verfügung, die uns dieses «Anritzen» erleichtern. Wir haben nebst dem Glasschneider einen Rund- und einen Streifenschneider.

Gerader Schnitt

Ein gerader Schnitt kann entweder mit dem Glasschneider, den man einem Massstab entlang führt, oder mit dem Streifenschneider ausgeführt werden. Wenn Sie das Glas mit Hilfe des Massstabes schneiden, dann kennzeichnen Sie die Distanz mit dem Filzstift, setzen den Massstab 5 mm neben der Linie auf, träufeln einige Tropfen Schneideöl auf den Schnittanfang und ziehen Ihren Glasschneider zügig dem Massstab entlang. Sie werden dabei ein rieselndes Geräusch hören. Das bedeutet, dass der Schnitt geglückt ist.

Den Streifenschneider müssen Sie gemäss Anleitung auf Ihrem Arbeitsplatz anschrauben. Nun stellen Sie den Schneidekopf auf die gewünschte Breite ein, verwenden wieder einige Tropfen Schneideöl und ziehen den Schneider, wie rechts abgebildet, mit beiden Händen zügig gegen sich.

Um das Glas nun schön zu brechen, halten Sie es – wie in Abbildung 4 gezeigt – mit beiden Daumen nahe beim Schnitt. Brechen Sie es langsam nach unten auseinander.

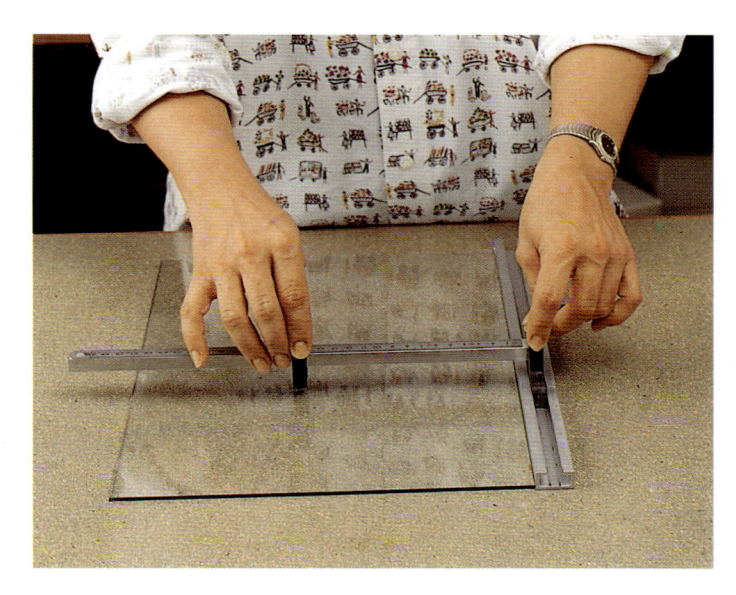

Abbildung 3
Schnitt mit dem Streifenschneider

GLASS FUSING

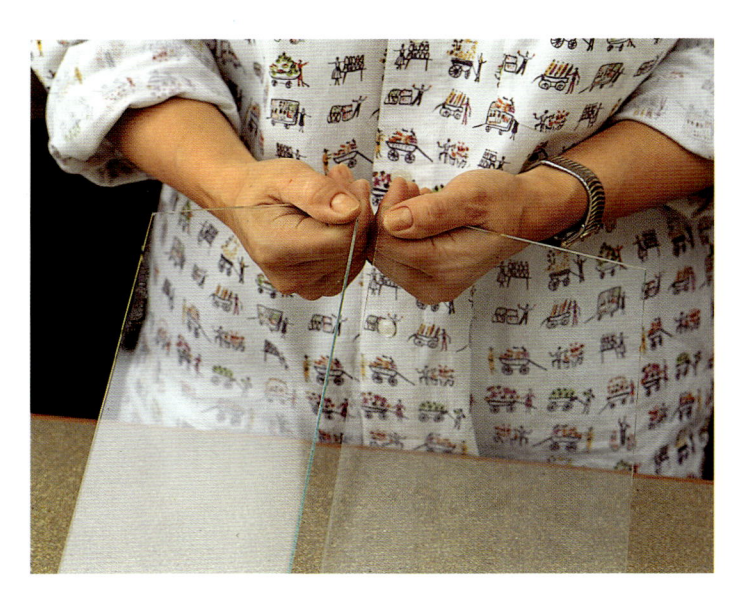

Abbildung 4
Brechen eines geraden Schnittes

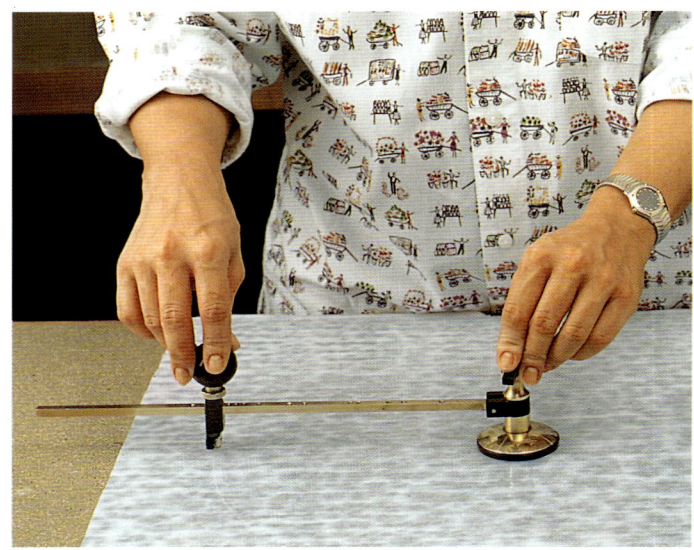

Abbildung 5
Rondellen schneiden

Rondellen schneiden

Rondellen schneidet man am einfachsten mit dem Kreisschneider. Stellen Sie bei Ihrem Kreisschneider den gewünschten Radius ein, und plazieren Sie den Saugnapf so auf das Glas, dass der Schneider bei der Rundbewegung voll auf dem Glas gleitet. Nun werden wieder einige Tropfen Schneideöl auf den Schnittanfang geträufelt. Der Schneidekopf wird leicht gedrückt und in einer zügigen Bewegung rund geführt. Wieder sollten Sie dieses Rieselgeräusch hören.

GLASS FUSING

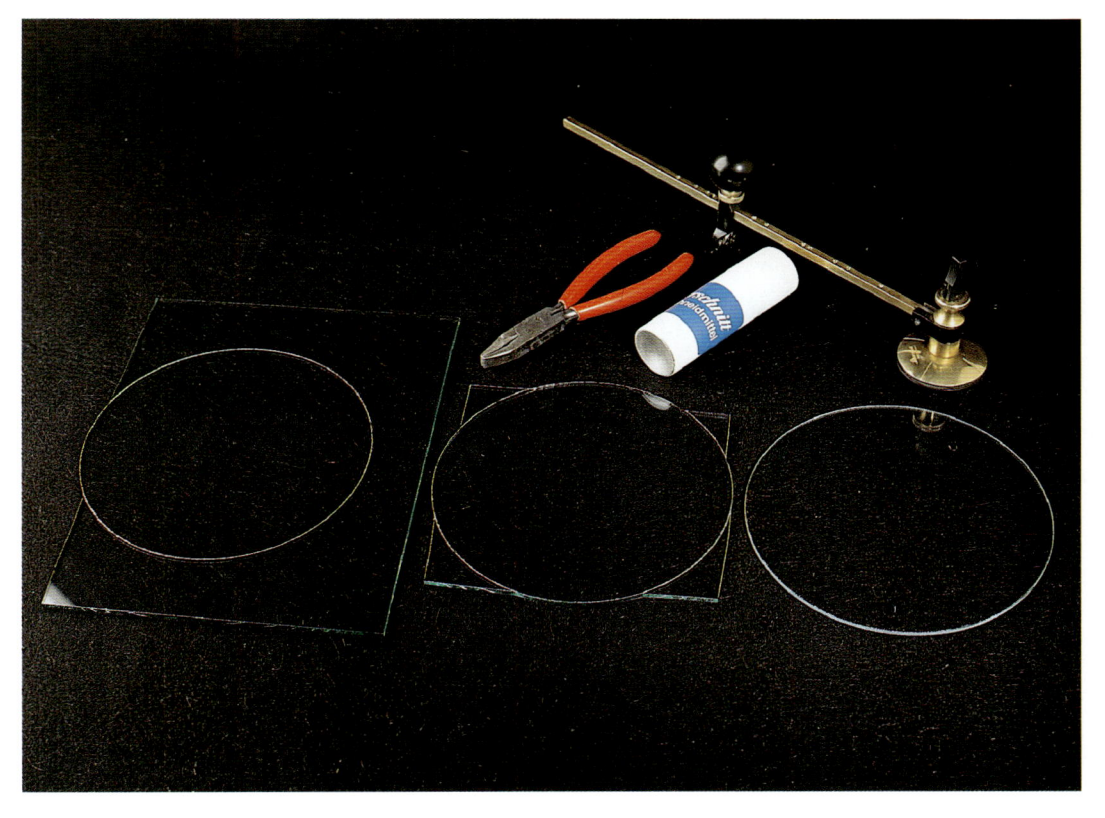

Abbildung 6
Ausbrechen einer Rondelle

Abbildung 6 zeigt uns das korrekte Ausbrechen einer Rondelle. Links sehen Sie den Rundschnitt. Nun werden freihändig vier Seiten mit dem Glasschneider geschnitten und von Hand weggebrochen. Die vier verbleibenden Teile werden anschliessend mit der Kröselzange weggebrochen.

Oft bleiben beim Brechen kleine Glasteile am Schnitt hängen. Diese Teile werden mit der Kröselzange weggebrochen. Setzen Sie die Zange – mit der gewölbten Seite oben – an den Schnitt, und brechen Sie das Teil nach hinten weg (Abbildung 7).

Abbildung 7
Kröseln

GLASS FUSING

Freihandschnitte

Beim Freihandschneiden wird zuerst ein wenig Schneideöl auf den Schnittanfang geträufelt. Danach setzt man den Glasschneider auf das Glas und zieht ihn konstant der gewünschten Form nach. Bei korrekter Führung des Glasschneiders hören Sie wieder das feine Rieselgeräusch.

Nun nehmen Sie das Glasstück, wie unten abgebildet (Abbildung 9), in die Hand. Sie halten die Kröselzange mit der gewölbten Seite nach oben und brechen das Glas nahe dem Schnitt mit einer sanften Abwärtsbewegung. Wenn Sie ein Stück brechen, das auf beiden Seiten des Schnittes genügend Glas aufweist, können Sie es auch von Hand brechen, wie beim geraden Schnitt beschrieben wurde (Abbildung 4).

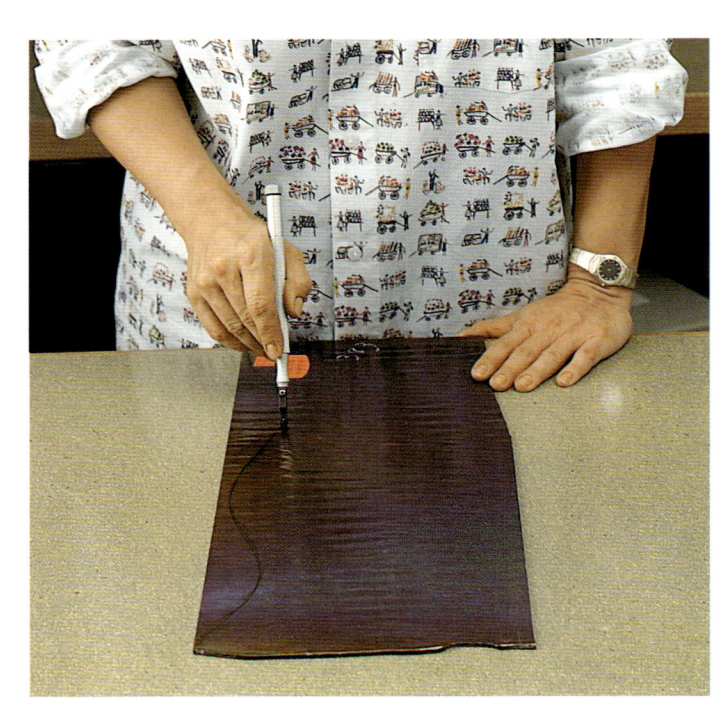

Abbildung 8
Freihandschnitt

Abbildung 9
Glasbrechen mit der Kröselzange

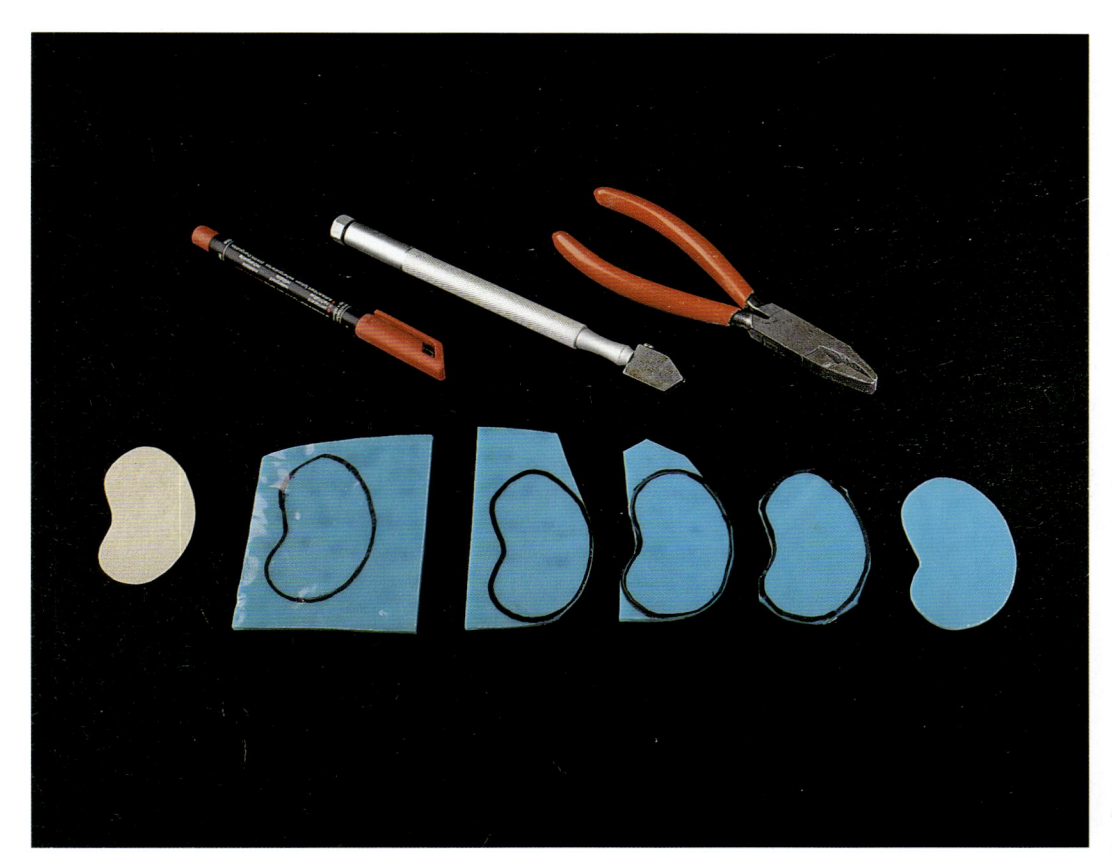

Abbildung 10
Schneiden nach Vorlage

Nach Vorlage schneiden

Die Abbildung 10 zeigt uns, wie nach einer Vorlage geschnitten und ausgebrochen wird. Legen Sie die Schablone auf das Glas, und ziehen Sie sie mit dem Filzstift nach. Nun schneiden Sie mit dem Glasschneider auf der Filzstiftlinie. Von der Seite her werden Hilfsschnitte gezogen, um das Brechen zu ermöglichen. Mit der Kröselzange wird nun Stück für Stück vom vorgezeichneten Teil weggebrochen. Zum Schluss wird das Glasteil noch, wie nachstehend beschrieben, geschliffen.

GLAS SCHLEIFEN

Um einen schönen Fullfuse-Brand zu erhalten, sollten die Kanten aller Teile sauber geschliffen werden. Das kann mit einer Scheiben- oder mit einer Rundkopf-Schleifmaschine gemacht werden. Gerade und nach aussen gewölbte Schnitte lassen sich am besten mit der Scheiben-Schleifmaschine schleifen.

Schnitte mit nach innen verlaufenden Rundungen (in unserem Fall das Teil, das nach der Vorlage geschnitten wurde) können nur mit der Rundkopf-Schleifmaschine geschliffen werden. Wenn Sie sich Ihr eigenes Atelier einrichten, dann schaffen Sie sich erst einmal eine Rundkopf-Schleifmaschine an. Mit ihr können auch alle anderen Schnitte geschliffen werden.

Abbildung 11
Schleifen mit der Scheiben-Schleifmaschine

Abbildung 12
Schleifen mit der Rundkopf-Schleifmaschine

DEN OFEN VORBEREITEN UND BESTÜCKEN

Ihrem Ofen (siehe Abbildung 2, Seite 17) müssen Sie viel Aufmerksamkeit schenken und ihn pflegen. Das macht sich mit schön gebrannten Stücken bezahlt. Das A und O jedes Arbeitsganges mit dem Ofen ist die Sauberkeit. Saugen Sie Ihren Ofen vor jedem Arbeitsgang gründlich aus. Nichts ist ärgerlicher, als kleine Stücke von Isolationsmaterial auf einem ansonst geglückten Stück eingebrannt zu haben.

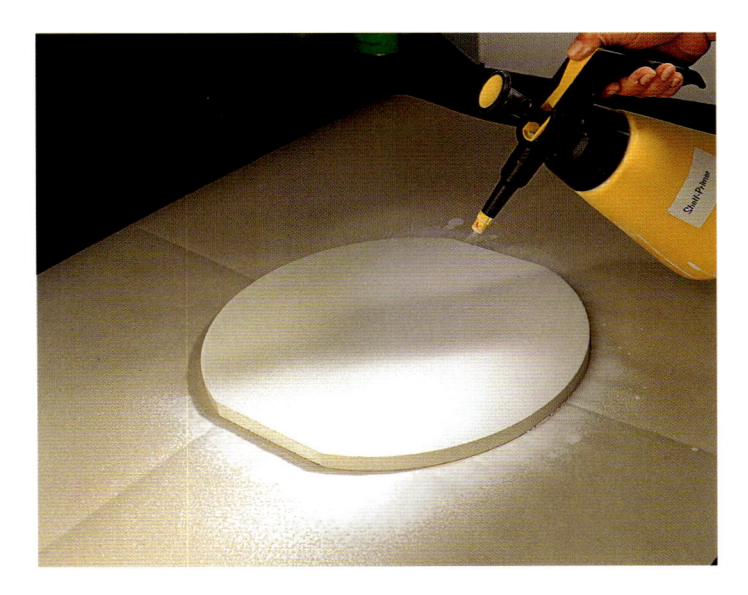

Abbildung 13
Einsprühen von Trägerplatten

Ausserdem muss die Trägerplatte für den Fullfuse-Brand sowie auch jede Form für eine Absenkung oder Überformung mit Shelf Primer eingestrichen oder angesprüht werden. Der Shelf Primer ist im Handel pulverförmig erhältlich. Dieses Pulver mischen wir für den Pinselauftrag im Verhältnis 1:4 mit Wasser an. Wir tragen den Shelf Primer mit einem breiten, weichen Pinsel einmal horizontal und einmal vertikal auf. Wenn Sie den Shelf Primer sprühen möchten, verdünnen Sie ihn im Verhältnis 1:6 mit Wasser. Ich sprühe meine Platten und Formen immer ein. Dazu verwende ich einen gewöhnlichen Pflanzensprüher.

Die Gefahr beim Pinselauftrag von Shelf Primer ist das Zurückbleiben unerwünschter Spuren vom Pinsel auf dem Glas. Beim Sprühen geschieht dies nicht. Wenn Sie Formen mit glatter Oberfläche, zum Beispiel glasierte Keramik oder Chromstahl benützen, erwärmen Sie das Stück vorerst auf etwa 80°C bis 100°C und sprühen es heiss ein. So verdampft das Wasser im Shelf Primer sofort, und er haftet wunderbar an der Form. Im kalten Zustand würde der Shelf Primer an der glatten Fläche ablaufen. Jedesmal wenn Sie die Trägerplatte oder die Form wieder brauchen, muss sie sauber vom ausgebrannten Shelf Primer gereinigt und wieder neu eingesprüht werden. Auch beim Bestücken des Ofens muss, wie bereits erwähnt, auf äusserste Sauberkeit geachtet werden. Alle zu verwendenden Glasteile müssen makellos sauber gewaschen werden, bevor Sie sie brennen. Fingerabdrücke oder sonstige Unreinheiten hinterlassen hässliche Spuren beim Fullfuse-Brand. Für den zweiten Arbeitsgang, die Absenkung des Teiles, gilt das gleiche: Waschen Sie es gründlich vor dem Absenkbrand.

SPANNUNG IM GLAS (STRESS)

Der unangenehme Faktor «Spannung im Glas» ist für viele Glasgestalter ein rotes Tuch. Das Zusammenschmelzen verschiedener Gläser birgt einige Tücken. Es ist jedoch nur halb so schlimm, wenn man sich mit der Materie auseinandersetzt. Die chemische Zusammensetzung des Glases spielt dabei die Hauptrolle. Die meisten Materialien dehnen sich beim Erwärmen aus und ziehen sich beim Abkühlen wieder zusammen. So auch das Glas. Diese Bewegungen müssen beim Glas parallel verlaufen, das heisst zwei Glasstücke müssen sich beim Erwärmen gleichmässig ausdehnen und sich auch beim Abkühlen wieder gleichmässig zusammenziehen. Bei dieser Bewegung im Glas spricht man vom Ausdehnungskoeffizient (AK). Gläser mit gleichem AK (gleiche bzw. parallele Bewegung) sind kompatibel und können zusammen verarbeitet werden. Nimmt man Gläser mit unterschiedlichem AK, bauen sich beim Brennen mechanische Spannungen auf, die sofort oder erst zu einem späteren Zeitpunkt zum Glasbruch führen. Schade um die getane Arbeit, aber solche Erfahrungen müssen gemacht werden und dürfen am Weitermachen nicht hindern. Es heisst nicht umsonst: «Aus Fehlern wird man klug».

Nun haben Sie auch die Möglichkeit, die zu bearbeitenden Gläser auf allfällige Spannungen (Stress) zu testen: Sie schneiden einen Streifen von dem einen Glas und ein kleineres Stück von dem anderen Glas, mit dem Sie arbeiten wollen. Legen Sie das kleine Stück auf den grösseren Streifen, und machen Sie einen Fullfuse-Brand von diesem Teststreifen. Beachten Sie beim Brennen das auf Seite 28 beschriebene Vorgehen. Nach dem Brand kontrolliert man den Teststreifen mit einem Stressometer. Der Stressometer ist eine Lampe, auf die Sie das Teststück legen. Mit einer Polaroid-Linse kreisen Sie über den Teststreifen. Sehen Sie nun einen dunklen Schatten um das kleine Stück Glas auf dem Teststreifen, so hat Ihr Glas Spannung und wird bei einer Verarbeitung mit grösseren Teilen wahrscheinlich früher oder später zerbrechen. Bei extremen Spannungen können sogar Risse im Teststreifen entstehen (Spannungsriss).

Die Firma Bullseye in Portland, USA, stellt getestetes, kompatibles Glas her. Dieses Glas ist bestens geeignet für das Glass Fusing. Bullseye führt ein sehr grosses Farbangebot, so dass Sie sich bei Ihren Kreationen keine Grenzen setzen müssen. Diese Gläser sind garantiert kompatibel und müssen nicht mehr getestet werden. Auch Glasstücke, die man aus der gleichen Scheibe schneidet, sind immer kompatibel.

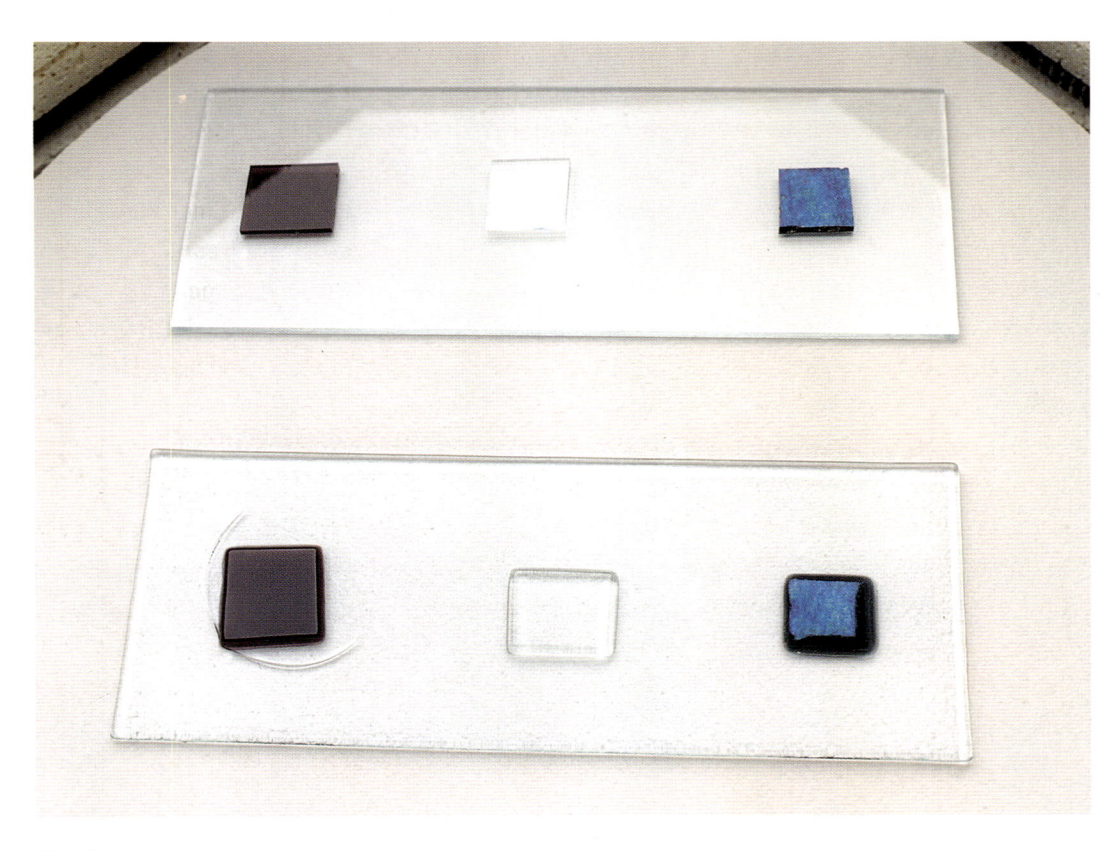

Abbildung 14
*Oben: Vorbereiteter Teststreifen. Unten: Gebrannter Teststreifen.
Links ist ein Riss im Glas entstanden, weil nicht kompatible Gläser
verwendet wurden.*

BRENNABLÄUFE UND TEMPERATURANGABEN

Grundsätzlich ist zu sagen, dass jedes Glas bis zum Entspannungspunkt sehr langsam aufgeheizt werden sollte. Bei Temperaturen oberhalb des Entspannungspunktes bewegt sich das Glas nicht mehr. Das langsame Aufheizen geschieht beim Fusing am besten mit Oberhitze. Über diesem Punkt kann dem Glas nichts mehr geschehen. Die Abkühlung vom Entspannungspunkt bis zur Raumtemperatur muss ebenfalls sehr langsam ablaufen. Der Brennprozess ist sehr wichtig und muss immer in fünf Arbeitsschritten erfolgen.

Brennen in 5 Schritten

❱ *1. Initiale Aufheizphase*
Von der Raumtemperatur bis zum Entspannungspunkt von etwa 500 °C bis 540 °C wird in 90 bis 120 Minuten aufgeheizt.

❱ *2. Schnelle Aufheizphase*
Zur gewünschten Temperatur kann in voller Geschwindigkeit aufgeheizt werden. Das dauert je nach Ofen zwischen 15 bis 60 Minuten. Hier wird die Temperatur je nach Bedürfnis während 5 bis 15 Minuten gehalten. Dies ist vor allem beim ersten Brand, dem Fullfuse-Brand, oft der Fall.

❱ *3. Schnelle Abkühlphase*
Nun kann man den Ofen öffnen. Die Temperatur sollte jedoch nicht unter 500 °C fallen. Das Öffnen des Ofens hilft, den Arbeitsprozess etwas zu beschleunigen. Ist genügend Zeit vorhanden, kann man den Ofen auch ganz normal zum Entspannungspunkt abkühlen lassen oder die Luftlöcher öffnen.

❱ *4. Entspannung*
Beim Entspannungspunkt von etwa 500 °C bis 540 °C wird die Temperatur während einer Dauer von 15 bis 60 Minuten, je nach Grösse des Glastückes, gehalten, damit das Stück durchgehend gleich temperiert wird. Man kann nie zu lange entspannen. Im Zweifelsfall planen Sie dafür immer genügend Zeit ein.

❱ *5. Abkühlung*
Bevor man den gut geschlossenen Ofen öffnet, lässt man ihn langsam auf Raumtemperatur fallen.

Diese fünf Schritte müssen bei jedem Brennvorgang genau eingehalten werden. Somit ist Ihnen ein zufriedenstellendes Resultat sicher. Merken Sie sich also die fünf Schritte:

— Langsam zum Entspannungspunkt
— Schnell hoch zur gewünschten Temperatur
— Schnell zurück zum Entspannungspunkt
— Entspannen, also Temperatur halten
— Zurück zur Raumtemperatur

Bei den nachfolgenden Projekten erläutere ich die Brände zum Beispiel folgendermassen: «auf 810 °C und 10 Minuten halten». Dies bedeutet, dass unter Einhaltung der fünf Arbeitsschritte die Temperatur bei 810 °C 10 Minuten zu halten ist.

Gängige Temperatur-Bereiche

0°C bis 560°C

Aufheizphase aller Gläser bis zum Entspannungspunkt; Ausreifung aller Glasmalfarben, Lüster und Edelmetallpräparate.

650°C bis 750°C

Absenkung (Einformung) von Glas in eine Form. Je steiler die Form ist, desto höher muss auch die Temperatur sein.

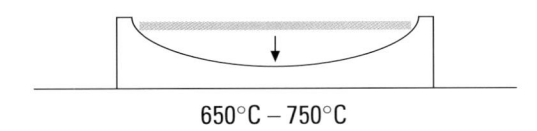

650°C – 750°C

Überformungen finden im tieferen Bereich dieser Temperaturspanne statt, denn hier hilft das Eigengewicht des Glases noch stärker mit als bei der Absenkung.

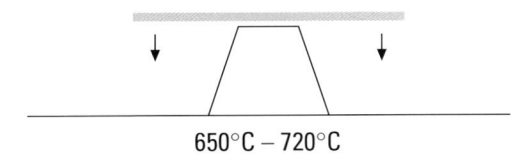

650°C – 720°C

790°C bis 840°C

Temperaturspanne, in der Gläser vollständig zusammenschmelzen (Fullfuse), das heisst, die Kanten werden komplett geschlossen und schön abgerundet.

870°C bis 930°C

Bei diesen Temperaturen beginnt das Glas nun Blasen zu werfen und ist sehr weich.

Bitte beachten Sie: Diese Temperaturen sind, wie bereits erwähnt, Richtwerte. Sie müssen unbedingt intensive Brenn-Testläufe mit Ihrem Ofen starten, damit Sie ihn genauestens kennenlernen. Dokumentieren Sie jeden Testlauf. Diese persönlichen Notizen erleichtern Ihnen die kreative Arbeit und bewahren Sie vor unangenehmen Überraschungen.

Ein Beispiel für den Testlauf eines Fullfuse-Brandes kann wie folgt aussehen:

– Schneiden Sie sich zwei Stücke Glas mit einem Durchmesser von 30 cm. Brennen Sie diese – immer unter Einhaltung der fünf Schritte – bei 800°C.
  Das Resultat: Die Kanten sind nicht geschmolzen und abgerundet. Der Ofen war also zu wenig heiss.

– Machen Sie einen nächsten Testlauf mit zwei anderen Stücken vom gleichen Glas bei 810°C. Das Resultat: Die Kanten sind immer noch nicht geschmolzen und abgerundet. Sie müssen also noch einen Versuch starten.

– Beim nächsten Testlauf gehen Sie wieder auf 810°C und halten den Ofen während 10 Minuten auf 810°C.

– Unternehmen Sie einen weiteren Versuch bei 820°C usw.

Auf diese Weise gehen Sie vor, bis Sie mit dem Resultat ganz zufrieden sind, und Sie werden die genaue Temperatur für den Fullfuse-Brand in Ihrem Ofen mit dem gewählten Glas finden. Auf die gleiche Art und Weise gehen Sie für das Ein- oder Überformen vor. Vergleichen Sie Ihre Erfahrungen mit den Angaben zu den gängigen Temperaturbereichen.

Abbildung 15
Verschiedenes Formenmaterial: Ceraboard, Cerapaper, Keramik- und Gipsformen

FORMEN UND FORMENMATERIAL

Grundsätzlich ist jedes Material, das eine Temperatur bis 850°C aushält, als Formenmaterial geeignet. Da Glas aber in weichem Zustand auf jedem Material haftet, müssen wir die Unterlage, ob flach oder eine Form, immer mit dem Trennmittel (Shelf Primer) versehen. Shelf Primer wird auf die Form aufgesprüht oder mit einem weichen Pinsel aufgetragen. Für flache Brände (Fullfuse-Brand) braucht man meistens Kordierit-Platten (eine Keramikart, die sich bei hoher Temperatur nicht merklich bewegt) oder Ceraboard-Platten (hochtemperaturbeständiges Isoliermaterial) als Unterlage. Auch diese Materialien müssen vor dem Bestücken mit Glas mit Shelf Primer behandelt werden.

❱ *Unglasierte Keramikformen*

Als Absenkformen und Träger für die Überformung werden meistens unglasierte Keramikformen verwendet. Diese können auch selber nach eigenen Ideen aus Ton hergestellt werden. Wenn Sie die Form selber aus Ton modellieren, machen Sie am tiefsten Punkt der Form zwei bis drei kleine Löcher, damit ein Entweichen der Luft während des Absenkens gewährleistet ist.

❱ *Fertige Keramik- und Porzellanteile*

Zum Absenken können auch fertige Keramik- und Porzellanteile verwendet werden. Sie müssen jedoch die Lüftungslöcher mit einem Diamantbohrer selber bohren. Da auf der glasierten Oberfläche der Shelf Primer schlecht haftet, müssen Sie das Stück gut aufheizen und heiss besprühen, oder Sie rauhen die Glasur mit einem groben Schleifpapier oder durch Sandstrahlen auf. Die wenigsten werden eine Sandstrahl-Kabine zu Hause haben. Eine Metallwerkstatt wird Ihnen aber sicher diesen Arbeitsgang durchführen.

❱ *Gipsformen*

Formen aus hitzebeständigem Gips sind auch sehr beliebt, da man sie selber giessen kann. Die Lebensdauer von Gipsformen ist jedoch beschränkt. Auch Gipsformen müssen vor der Absenkung mit Shelf Primer behandelt werden.

❱ *Ceraboard und Cerapaper*

Ceraboard und Cerapaper (Fiberbrett und Fiberpapier) können sehr einfach mit einer Laubsäge (Ceraboard) oder mit einer Schere bzw. einem Cutter (Cerapaper) bearbeitet werden. Ceraboard und -paper sind mit einem Kleber versehen. Dieser muss ausgebrannt werden, bevor Sie mit dem Glas arbeiten. Machen Sie einen Brand bei 800°C. Vorsicht, dieser Brand erzeugt viel Rauch und stinkt!

❱ *Edelstahlformen*

Edelstahlformen eignen sich bestens für die Überformung oder für relativ flache Absenkungen. Die meisten Materialien dehnen sich beim Aufwärmen aus und ziehen sich beim Abkühlen zusammen. Edelstahl und Glas bewegen sich nicht gleich, das heisst Edelstahl dehnt sich beim Aufwärmen stärker aus als Glas und zieht sich demzufolge beim Abkühlen auch mehr zusammen. Bei steilen Absenkungen könnte der Edelstahl das Glas beschädigen. Bei einer Überformung oder einer flachen Absenkung jedoch kann das Stück einfach von der Form gehoben werden.

Glass-Fusing-Projekte

PROJEKT 1 – PLATZTELLER

Dieser Platzteller mit seinen für das Glass Fusing charakteristischen Lufteinschlüssen ist ein erstes dekoratives und zugleich im Alltag verwendbares Objekt. Es wird uns auf Seite 101 als Basis für ein Glasmalerei-Projekt dienen.

Schneiden Sie die zwei Rondellen zu, wie auf Seite 20 beschrieben wird, und schleifen Sie die Kanten. Nachdem Sie den Ofen vorbereitet haben, legen Sie die zwei sauber gewaschenen Scheiben auf die mit Shelf Primer eingesprühte Trägerplatte in den Ofen. Nun machen Sie den Fullfuse-Brand – unter Einhaltung der fünf Schritte von Seite 28 – mit Oberhitze bei einer Temperatur von 810°C. Halten Sie die Temperatur während 10 Minuten.

Die kompakte Scheibe mit schön abgerundeten Kanten und kleinen Lufteinschlüssen legen Sie nun wieder sauber gewaschen auf die eingesprühte Absenkform für den zweiten Arbeitsgang, die Absenkung. Der Teller wird bei einer Temperatur von 790°C abgesenkt; dabei wird die Temperatur nicht gehalten.

STÜCK	MATERIAL	ZUSCHNITT
2	Rondellen aus Floatglas	Ø 36 cm
1	Absenkform aus Ceraboard (10 mm Dicke); zentriertes Loch (Ø 20 cm)	37 x 37 cm (aussen)
	Shelf Primer	

Abbildung 16
Auslage der zwei Rondellen für den Fullfuse-Brand und die Absenkform

GLASS FUSING

Abbildung 17
Platzteller

PROJEKT 2 – FLACHE WANDLAMPE

Die hohe Lichtdurchlässigkeit von Glas fordert uns geradezu auf, eine Lampe zu gestalten. Glaslampen, ob bemalt oder nicht, verbreiten immer ein wunderbares Licht. Die hier gezeigte Wandlampe, die wir später noch bemalen werden (siehe Seite 104), erfordert einiges Geschick beim Zuschneiden.

Die Wandlampe wird auf Papier vorgezeichnet und ausgeschnitten. Auf Abbildung 18 sehen Sie die ausgeschnittene Vorlage. Die braunen Teile werden zweimal und die weissen einfach zugeschnitten und geschliffen.

Nun legen Sie die Lampe in den vorbereiteten Ofen. Abbildung 19 zeigt Ihnen die korrekte Auslage. Den Fullfuse-Brand machen Sie bei 820°C. Halten Sie die Temperatur während 15 Minuten. Entspannt wird die Lampe bei 520°C während 15 Minuten.

Abbildung 18
Schnittmuster der Wandlampe

STÜCK	MATERIAL	ZUSCHNITT
2	Floatglas (braunes Muster)	Schnittmuster
1	Floatglas (weisses Muster)	Schnittmuster
	Shelf Primer	

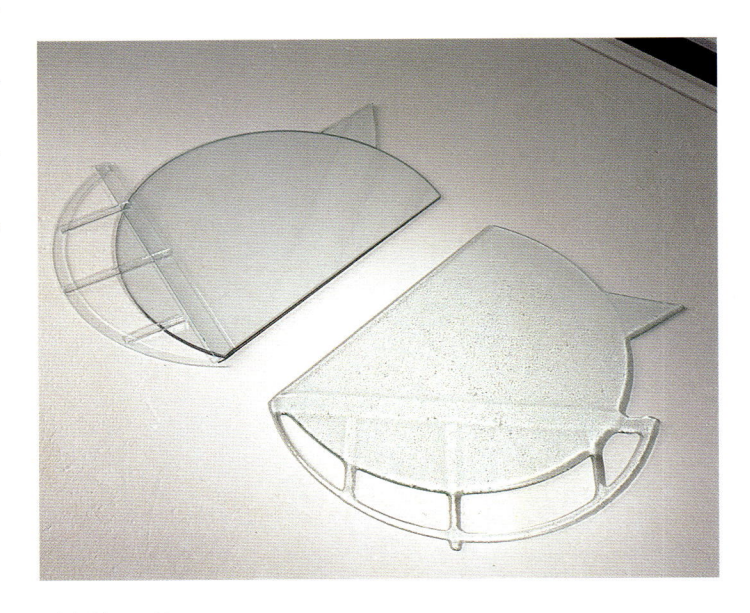

Abbildung 19
Auslage der Teile und der Fullfuse

GLASS FUSING

Abbildung 20
Flache Wandlampe

GLASS FUSING

36

Abbildung 21
Blaue Seifenschale

PROJEKT 3 – BLAUE SEIFENSCHALE

STÜCK	MATERIAL	ZUSCHNITT
1	Schnittmuster aus Karton	etwa 15 x 10 cm
2	Bullseye-Glas (transparent blau)	nach Vorlage
1	Ceraboardform (20 mm Dicke)	nach Vorlage
	Shelf Primer	

Diese attraktive Seifenschale besticht durch die eigenwillige Form. Zudem hat sie die ideale Grösse, um eine duftende Seife auf elegante Weise einzurahmen.

Machen Sie sich aus Karton ein Schnittmuster von der gewünschten Form der Seifenschale. Übertragen Sie das Schnittmuster auf ein Stück Ceraboard, und schneiden Sie die Form mit der Laubsäge aus. Nun zeichnen Sie auf dem Ceraboard den Rand der Schale auf und sägen – wieder mit der Laubsäge – das Innenteil aus. Sie erhalten so die Absenkform. Brennen Sie die Form bei 800°C aus, und streichen Sie sie dann mit Shelf Primer ein. Vergessen Sie nicht, die Schnittkante auch zu bestreichen. Die Kartonvorlage dient Ihnen auch für den Glaszuschnitt. Waschen Sie die beiden Scheiben gründlich, und machen Sie den Fullfuse-Brand bei 810°C. Halten Sie die Temperatur während 10 Minuten.

In einem zweiten Brand wird die Scheibe auf der Ceraboard-Form bei einer Temperatur von 780°C abgesenkt. Diese blaue, transparente Seifenschale mit ihrer originellen Form gibt jedem Badezimmer einen speziellen Akzent. Im zweiten Teil des Buches werden wir die Schale noch mit einem aufwendigen Platindekor versehen (siehe Seite 96).

Abbildung 22
Fullfuse der beiden Glasscheiben und abgesenkte Form

PROJEKT 4 – FENSTERDEKORATION

Eine Fensterdekoration aus Glas bietet einerseits einen Sichtschutz und ersetzt den Vorhang, andererseits wird das Licht durchgelassen und die Sonne durch die Struktur im Glas wunderschön gebrochen. Das Spiel von Licht und Schatten im Raum ändert sich je nach Sonneneinfall und ist immer reizvoll. Der besondere Charme dieser Fensterdekoration liegt in den Strukturen, die wir mit Cerapaper erarbeiten.

Um Dekorationen aus Cerapaper für die einzelnen Dekorteile zu erhalten, müssen Sie Ihre Phantasie walten lassen. Stanzen Sie Teile aus, reissen Sie das Cerapaper, flechten Sie Cerapaperstreifen, oder schneiden Sie mit dem Cutter Motive aus.

Abbildung 25 zeigt Ihnen den genauen Ablauf zur Herstellung eines Teiles. Legen Sie das Dekormuster aus Cerapaperelementen aus, und belegen Sie es mit einer Scheibe Glas. Nun legen Sie ein Kreuz aus Cerapaper auf die Scheibe. Dieses Kreuz ist nötig, damit später die einzelnen Elemente zusammenmontiert werden können. Auf das Kreuz legen Sie die zweite Glasscheibe. Brennen Sie das Teil bei 820 °C, und halten Sie die Temperatur während 15 Minuten. Anschliessend wird das Cerapaper unter fliessendem Wasser mit Hilfe eines Holzstäbchens entfernt. Wie vielfältig die Möglichkeiten sind, die Einzelteile zu dekorieren, sehen Sie auf der Abbildung 26.

STÜCK	MATERIAL	ZUSCHNITT
30	Floatglas (3 mm Dicke)	15 x 15 cm
	Cerapaper, Ceraboard	
	Shelf Primer	
	Kupferstäbe und Gummiringe für die Montage	

Abbildung 23
Benötigtes Material für die Fensterdekoration

GLASS FUSING

Abbildung 24
Fensterdekoration

GLASS FUSING

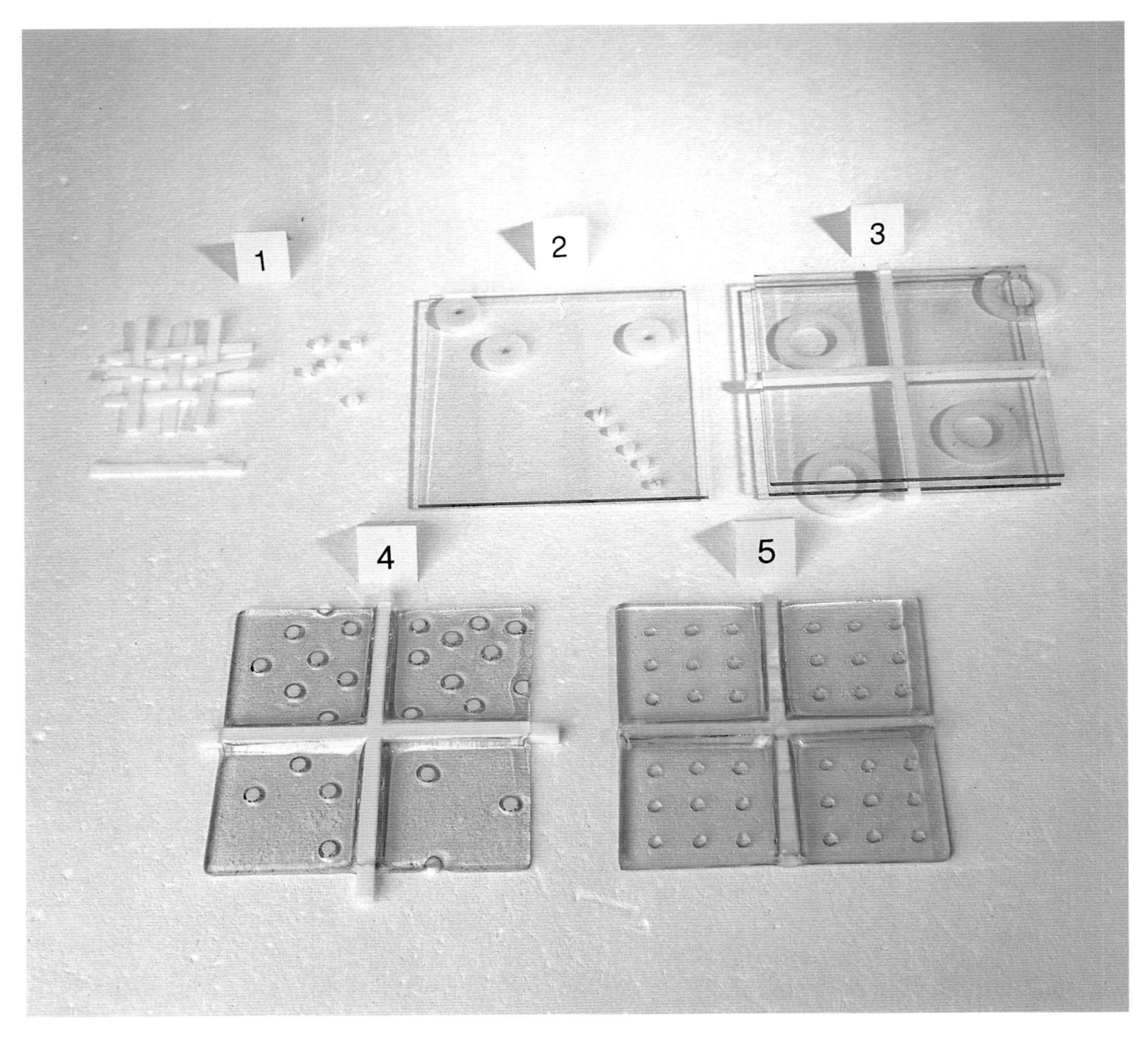

40

Abbildung 25
Ablauf der Herstellung eines Teiles

GLASS FUSING

Abbildung 26
Dekorationsideen für einzelne Teile

Um die einzelnen Teile zu montieren, gehen Sie folgendermassen vor: Führen Sie zwei feine Kupferstäbe über Kreuz durch den dafür vorgesehenen Durchgang von jedem Glasstück. Bevor Sie das zweite Glasstück über den Kupferstab führen, streifen Sie sechs Kautschuk-Ringe über den Kupferstab, um zu verhindern, dass die Glaselemente direkt aneinanderstossen und sich so beschädigen könnten. Zudem erzielen diese Puffer auch noch einen speziellen Dekorationseffekt. Biegen Sie an der Seite, an der Sie die Fensterdekoration aufhängen möchten, den Kupferstab zu einer Öse. Seitlich und unten werden die Kupferstäbe direkt nach den Kautschuk-Ringen nach hinten gebogen und auf 1 cm zurückgeschnitten.

Abbildung 27
Montage

PROJEKT 5 – SCHMUCK

Selbstgestalteter Schmuck macht viel Freude. Auf einem Lieblingspullover speziellen, farblich abgestimmten Schmuck zu tragen, gibt dem Ganzen den letzten Schliff. Zudem ist das Herstellen von Schmuckstücken aus Glas eine gute Methode, um Reststücke sinnvoll zu verwenden.

Nehmen Sie einige Abfallstücke, zum Beispiel von Ihrem Bullseye-Glas, schleifen Sie diese, oder schneiden Sie sie noch in die gewünschte Form. Nun legen Sie die Teile im Ofen aus und dekorieren sie mit kleinen Glasteilen oder Stringers (Glasspaghettis) usw.

MATERIAL	FARB-NR.
Reststücke kompatiblen Glases	
Glanzgold	Chroma Nr. GG100/12
Glanzplatin	Chroma Nr. GP105

Abbildung 28
Auslage von Schmuckteilen

Abbildung 29
Fullfuse der Schmuckteile

GLASS FUSING

Da die Stücke einlagig ausgelegt werden und die zweite Lage Glas nur als Dekoration dient, machen wir keinen klassischen Fullfuse-Brand, sondern nur einen Brand bei 800°C ohne Halten der Temperatur.

Einige der Teile habe ich zusätzlich mit einen Gold- oder Platindekor versehen und ein zweites Mal bei 560°C gebrannt. Wie man Gold- und Platindekor auf das Glas aufträgt, ist im zweiten Teil über Glasmalerei (Seite 75) genau beschrieben. Montieren Sie zum Schluss mit stark haftendem, doppelseitigem Klebeband beispielsweise Ohrclips oder Krawattennadeln hinten an die fertigen Glasteile.

Abbildung 30
Schmuck

GLASS FUSING

44

Abbildung 31
Schmuck

GLASS FUSING

Abbildung 32
Schmuck

GLASS FUSING

PROJEKT 6 – SERVIETTENHALTER

Abbildung 33
Serviettenhalter

GLASS FUSING

Oft wäre es praktisch, wenn die Papierservietten griffbereit auf dem Tisch stünden oder die Notizzettel in Reichweite des Telefons lägen. Damit dies auch noch ordentlich und gleichzeitig dekorativ aussieht, beginnen Sie am besten mit der Arbeit an diesem Serviettenhalter.

Aus Floatglas schneiden Sie freihändig das Trägerglas aus. Für die Dekoration bereiten Sie nach Wunsch Streifen und Rondellen zu. Alle Teile müssen sauber geschliffen und gründlich gewaschen werden. Die Rondellen und Streifen bestreuen Sie mit Thompson-Glasemails in den passenden Farben und legen sie vorsichtig auf die Trägerplatte. Nun erfolgt ein Brand bei 800 °C ohne Halten der Temperatur, da das Stück nur einlagig ausgelegt ist.

Die dekorierte Scheibe plazieren Sie nun auf einem Stück Ceraboard von 25 mm Dicke. Zentrieren Sie das Stück sehr genau und beachten Sie, dass das Glas im rechten Winkel zur Absenkform liegt. Der Absenkbrand erfolgt bei 750 °C ohne Halten der Temperatur.

Abbildung 34
Auslage des Serviettenhalters ungebrannt und gebrannt

STÜCK	MATERIAL	ZUSCHNITT
1	Floatglas	12 x 22 cm
beliebig	Floatglas: Rondellen, Streifen (Dekoration)	
1	Ceraboardform (25 mm Dicke)	14 x 14 cm
	Farbe für Dekoration: Thompson-Glasemails	

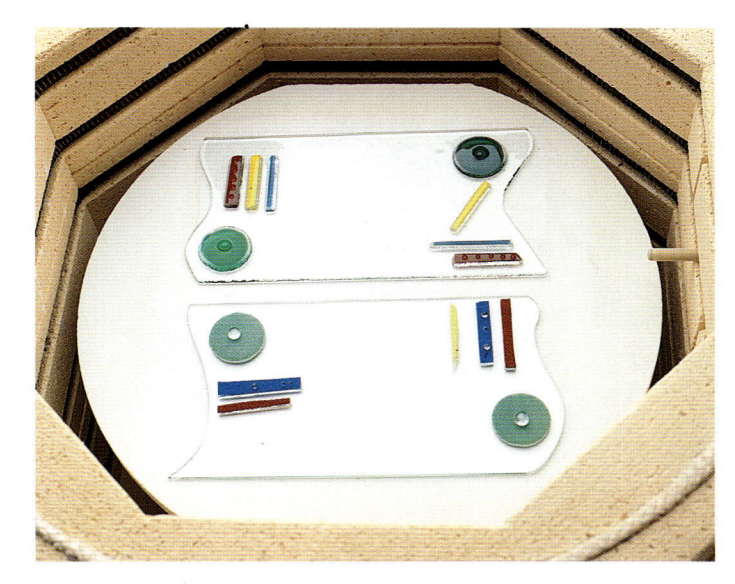

Abbildung 35
Plazierung der Scheibe für die Absenkung

PROJEKT 7 – KLEINE SCHALE

Kleine Schalen sind immer willkommen. Man kann sie brauchen, um Nüsse oder Kekse zu servieren oder um allerlei Kleinigkeiten aufzuheben. Wenn sie noch im Recycling-System hergestellt wurden, erfreuen sie uns noch mehr. Die Verarbeitungsart dieser beiden Schälchen nennt man auch «Junk de verre» (Glasschrott). «Junk de verre» ist eine willkommene Verarbeitungsart, wenn man viele kleine Resten von kompatiblem Glas hat.

Wickeln Sie das Restglas in ein altes Tuch und in Zeitungen. Mit einem schweren Gegenstand oder einem Hammer werden die Scherben nun zerkleinert. Wie klein Sie sie schlagen, hängt von Ihnen ab. Je kleiner die Scherben, desto feiner werden auf dem Endprodukt die Farbflecken sein. Nun waschen Sie die Glasstücke. Ein grosses Sieb ist Ihnen dabei eine grosse Hilfe. Lassen Sie die kleinen Glasscherben gut trocknen. Aus Ceraboard von 10 mm Dicke schneiden Sie eine Stützform. Die Öffnung im Ceraboard wird nun satt mit den Scherben gefüllt. Machen Sie einen Fullfuse-Brand bei 810 °C, und halten Sie die Temperatur während 15 Minuten. Entspannen Sie die Teile bei 520 °C während 15 Minuten.

Die Kanten der kompakten Scheibe werden sorgfältig geschliffen. Ein Keramikring wird auf drei Stützen gestellt und die Scheibe daraufgelegt. Diese Scheibe wird nun frei fallend geformt, das heisst, dass die Formgebung direkt von der Temperatur abhängig ist. Je höher die Temperatur ist, desto steiler wird die Absenkung. Auf Abbildung 37 sehen Sie eine Schale, die bei 720 °C abgesenkt wurde. Sie können die Temperatur bis 750 °C steigern. Die Abbildung 38 zeigt zwei Varianten: Die linke Schale wurde bei 720 °C und die rechte bei 750 °C abgesenkt.

Abbildung 36
Auslage der kleinen Scherben und Fullfuse

Abbildung 37
Zur Absenkung vorbereitetes Stück und Schale bei 720 °C abgesenkt

GLASS FUSING

Abbildung 38
Kleine Schalen

PROJEKT 8 – OVALER SPIEGEL

Spiegel sind nicht nur im Alltag nützliche Gegenstände, sondern dienen ebenso als Wanddekoration. Dieser ovale Spiegel mit seinem bunten Rand (auch Fahne genannt) ziert jeden Raum auf spezielle Art. Wählen Sie Farben, die zu Ihrer Einrichtung passen.

STÜCK	MATERIAL	ZUSCHNITT
2	Floatglas	oval, 50 x 30 cm
	Thompson-Glasemails (transparent: grün, türkis, blau)	
	Stringers	
1	Absenkform aus Ceraboard (10 mm Dicke); zentrierter, ovaler Ausschnitt	52 x 32 cm
	Shelf Primer	
	Ovaler Spiegel	

Die ovalen Teile aus Floatglas werden am besten mit Hilfe einer Schablone zugeschnitten. Das gleiche gilt für die Ceraboard-Form. Die Teile werden gemäss Anleitung auf Seite 22 freihändig zugeschnitten, geschliffen, gründlich gewaschen und für den Fullfuse-Brand in den Ofen gelegt. Brennen Sie sie auf 820 °C, und halten Sie die Temperatur während 15 Minuten. Beim zweiten Brand plazieren Sie die ovale Glasscheibe auf die Ceraboard-Form und senken diese bei 800 °C ohne Halten der Temperatur ab.

Das Dekor der Fahne für den Spiegel wird mit Glasemail realisiert. Dafür benütze ich die transparenten Thompson-Glasemails in Grün, Türkis und Blau. Das Emailpulver streue ich mit einem Milchsieb auf. Achten Sie darauf, dass Sie das Email sehr regelmässig auftragen.

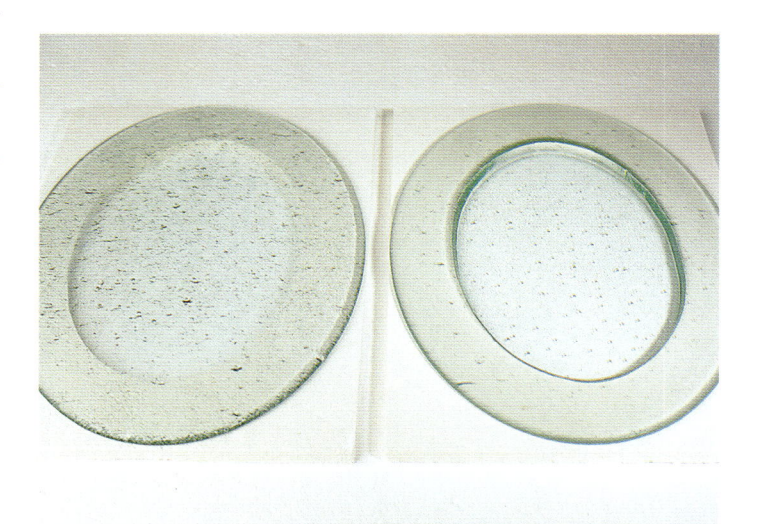

Abbildung 39
Fullfuse auf der Absenkform und ovale Form abgesenkt

GLASS FUSING

Abbildung 40
Ovaler Wandspiegel

GLASS FUSING

Ziehen Sie mit einem Holzstäbchen Muster in den Email-Auftrag. Belegen Sie den Rand nach Wunsch mit Stringers in einer Kontrastfarbe. Legen Sie das Stück in der Form zurück in den Ofen, und brennen Sie das Email bei 780 bis 800°C.
Schneiden Sie gemäss der Ceraboard-Form einen Spiegel aus. Schleifen Sie die Kanten des Spiegels sehr sauber, und fixieren Sie ihn mit einem doppelseitigen Klebeband für starke Fixierung in der ovalen Absenkung. Fixieren Sie auf die gleiche Weise einen Aufhängehaken auf der Rückseite des Spiegels.

Abbildung 41
Email-Auftrag

Abbildung 42
Email-Auftrag ungebrannt und gebrannt

PROJEKT 9 – GEWÖLBTE WANDLAMPE

Mystisch beleuchtet diese Wandlampe den Raum, in dem sie hängt. Das Spiel der unebenen Oberfläche fasziniert auch, wenn die Lampe nicht brennt und so als Wanddekor dient.

STÜCK	MATERIAL	ZUSCHNITT
1	Bullseye-Glas (transparent)	25 x 30 cm
1	Bullseye-Glas (transparent blau)	25 x 30 cm
25	Bullseye-Glas (irisierend)	1 x 1 cm
beliebig	Stringers	
	Absenkform	
	Shelf Primer	

Die Wandlampe stellen wir mit der Oberseite nach unten her. Wir nehmen ein Stück ausgebranntes 3-mm-Cerapaper, benetzen es mit Wasser und drücken mit den Fingern Strukturen hinein. Aus irisierendem, schwarzem Glas habe ich kleine Quadrate und Streifen geschnitten. Diese werden nun mit der irisierenden Seite auf das Cerapaper gelegt. Darüber legen Sie je eine Scheibe transparentes und blaues Glas. Nun erfolgt der Fullfuse-Brand bei 810°C. Die Temperatur wird während 10 Minuten gehalten. Entspannen Sie das Glas bei 520°C während 20 Minuten. Wenn Sie den Ofen öffnen, liegt das Stück auf der dekorierten, schönen Aussenseite. Sie betrachten die Rückseite. Plazieren Sie das Glasstück ganz exakt und zentriert auf der Absenkform.

Abbildung 43
Auslage der Dekorteile auf Cerapaper, mit klarem Glas bedeckt. Fullfuse des Glasteiles mit Blick auf die dekorierte, schöne Aussenseite.

GLASS FUSING

54

Abbildung 44
Gewölbte Wandlampe

GLASS FUSING

Die Wandlampe wird nun in einem sehr langsamen Brand abgesenkt. Gehen Sie in 180 Minuten auf 520°C, dann in voller Geschwindigkeit auf 650°C. Lassen Sie nun den Ofen ohne Halten der Temperatur auf 520°C abkühlen, und temperieren Sie die Wandlampe während 30 Minuten bei 520°C.

Abbildung 45
Vorbereitung für die Absenkung

Abbildung 46
Abgesenkter Glasteil

PROJEKT 10 – QUADRATISCHE SCHALE

Die irisierende und klare Oberfläche der quadratischen Schale wird mit einem feinen Golddekor ergänzt. Sie soll an das Lichtspiel auf einer Wasseroberfläche erinnern, die von der Sonne beschienen wird.

STÜCK	MATERIAL	ZUSCHNITT
1	Bullseye-Glas (transparent)	25 x 25 cm
12	Bullseye-Glas (transparent grau)	5 x 5 cm
13	Bullseye-Glas (irisierend)	5 x 5 cm
	Absenkform (quadratisch)	
	Glanzgold Chroma GG 100/12	

Für diese schimmernde Schale schneiden wir 25 kleine Quadrate und die Trägerplatte zu. Alle Kanten müssen sauber geschliffen werden. Die Stücke werden sorgfältig gewaschen und gemäss Abbildung 47 auf der mit Shelf Primer präparierten Ofenplatte ausgelegt. Achten Sie darauf, dass alle Quadrate ohne Abstand bündig aneinander liegen.

Jetzt wird der Fullfuse-Brand gestartet. Gehen Sie auf 810°C, und halten Sie die Temperatur während 10 Minuten. Entspannen Sie die Scheibe bei 520°C während 15 Minuten.

Ziehen Sie mit der Feder ein feines Golddekor (Arbeitsanleitung siehe Seite 75) um einige Quadrate, und vergessen Sie Ihre Unterschrift nicht. Die Platte wird nun auf der Absenkform plaziert und bei 650°C abgesenkt. Dieser Brennvorgang bewirkt die totale Absenkung des Stückes und brennt gleichzeitig das Golddekor.

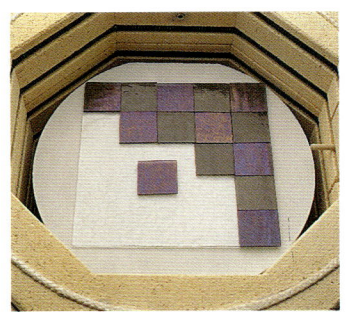

Abbildung 47
Auslage der Teile für den Fullfuse-Brand

Abbildung 48
Fullfuse der quadratischen Schale

Abbildung 49
Plazierung der Glasplatte auf der Absenkform

GLASS FUSING

Abbildung 50
Quadratische Schale

GLASS FUSING

PROJEKT 11 – RUNDE SCHALE

Ein Wassertropfen mit seinen Spiegelungen hat mich zu dieser Schale inspiriert. Wählen Sie irisierendes Glas, um das Schimmern des Wassers zu unterstreichen.

Für diese anspruchsvolle, runde Schale zeichnen Sie zuerst ein Schnittmuster, dann wird eine Trägerplatte ausgeschnitten (Bullseye opak schwarz). Darauf legen Sie die drei nach dem Muster geschnittenen Teile. Den Übergang vom irisierenden zum klaren Glas habe ich mit einem transparenten Glasstreifen belegt, und die Grenze zwischen klarem und milchigem Glas wurde mit kleinen, irisierenden Quadraten geschmückt (siehe Abbildung 51).

Brennen Sie die Platte als erstes bei 810°C, und halten Sie die Temperatur während 10 Minuten. Entspannen Sie die Platte bei 520°C während 20 Minuten.

Entnehmen Sie die Platte dem Ofen, und waschen Sie sie gründlich. Nun wird sie mit einem Glasdekor versehen. Hierfür plazieren Sie den Fullfuse am besten im Ofen und legen die Dekorationselemente direkt darauf. Den roten Stringer habe ich zuerst über der Flamme geformt. Es ist einfach, die Stringers über der Flamme zu verformen. Nehmen Sie dazu eine gewöhnliche Kerze, denn die Flamme der Mehrzwecklötlampe ist zu heiss. Sobald das Glas weich ist, können Sie es leicht von Hand biegen (siehe Abbildung 54).

STÜCK	MATERIAL	ZUSCHNITT
1	Bullseye-Glas (opak schwarz) als Trägerscheibe	Ø 38 cm
1	Bullseye-Glas (irisierend schwarz)	nach Vorlage
1	Bullseye-Glas (transparent)	nach Vorlage
1	Bullseye-Glas (weisse Katzenpfoten)	nach Vorlage
	Absenkform	

Abbildung 51
Auslage der Schale für den Fullfuse-Brand

GLASS FUSING

Abbildung 52
Runde Schale

GLASS FUSING

Die Quadrate werden mit kleinen Stücken von gelben Stringern belegt. Auf dem irisierenden Teil habe ich kleine Glaskugeln plaziert. Diese Kügelchen habe ich vorher wie folgt hergestellt: Wickeln Sie ein Stück transparentes Bullseye-Glas in eine Zeitung, und schlagen Sie kräftig mit dem Hammer darauf. Die kleinen Scherben werden im Ofen ausgelegt und bei einer Temperatur von 800°C bis 810°C gebrannt. Durch die Oberflächenspannung ziehen sich die Scherben zu kleinen Kugeln zusammen.

Abbildung 53
Fullfuse der Platte

Abbildung 54
Glasstringers über der Flamme verformt

Abbildung 55
Der zweite Brand bei 780°C

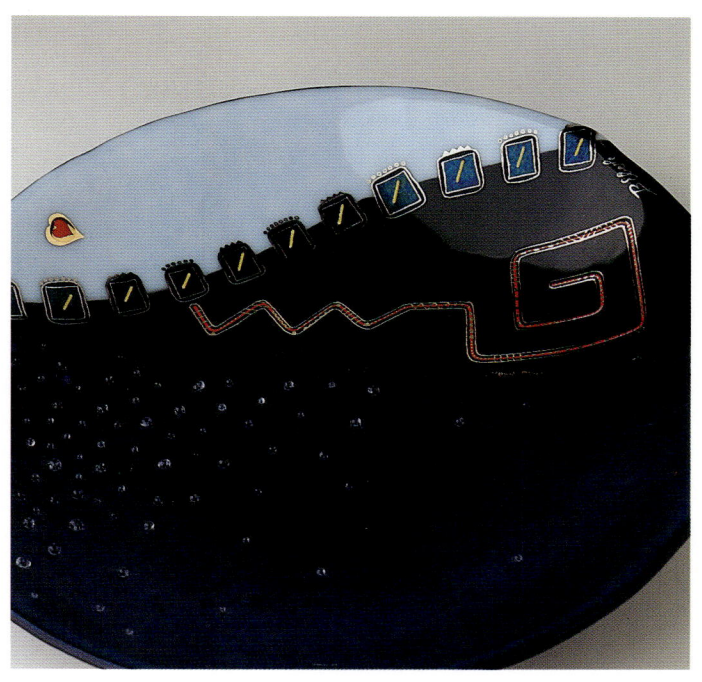

Abbildung 56
Detailaufnahme des Gold- und Platindekors

Nun wird die Platte mit all ihren Dekorationselementen wieder gebrannt. Da wir sie aber mit sehr kleinen Teilen belegt haben und auch nicht wollen, dass sich diese Teile voll ins Glas einschmelzen, brennen wir die Platte bei 780°C, ohne die Temperatur zu halten.

Die Platte wird nun wieder gründlich gereinigt und mit einem feinen Gold- und Platindekor versehen (Anleitung siehe Seite 75). Die dekorierte Platte plazieren wir nun auf der Absenkform und brennen sie bei 690°C ohne Halten der Temperatur. Dieser Brennvorgang gewährleistet eine ideale Absenkung des Stückes und zugleich ein schönes Resultat des Gold- und Platindekors.

PROJEKT 12 – WANDOBJEKT

Das Wandobjekt ist unser aufwendigstes Fusing-Projekt. Aber das Resultat der Arbeit ist so speziell und dekorativ, dass sich der Aufwand sicherlich lohnt.

Wenn Sie ein derartiges Objekt angehen, sollten Sie versuchen, eine eigene Form mit von Ihnen gewählten Farben zu entwerfen. Ich habe sehr kräftige, fröhliche Farben gewählt. Am besten zeichnen Sie alle Farbflächen auf Ihrem Schnittmuster ein. Zeichnen Sie das Wandobjekt massstabsgetreu auf ein Stück Papier und numerieren Sie alle Teile. Die einzelnen Teile werden ausgeschnitten und dienen nun als Vorlage für den Zuschnitt der bunten Glasteile.

Schneiden Sie alle Teile je einmal aus opakem, weissem und je einmal aus buntem, transparentem Glas zu. Spielen Sie mit den Farben, bis Ihnen die Komposition gefällt. Alle Teile werden geschliffen, gewaschen und gemäss der Zeichnung im Ofen ausgelegt, die opaken, weissen Glasstücke jeweils unten, die bunten oben. Glasstringers, Murinisteine (Scheiben von Glasstangen, in denen bereits ein Muster enthalten ist), Glaskügelchen und zugeschnittene, kleine Glasteile werden nach belieben als Dekoration auf die Form gelegt. Nun erfolgt der Fullfuse-Brand bei 810 °C während 10 Minuten. Entspannen Sie das Objekt während 20 Minuten bei 520 °C.

Reinigen Sie den Fullfuse, legen Sie ihn zurück in den Ofen, und bestücken Sie ihn mit weiteren Dekorationsteilen. Dazu verwenden Sie nebst dem erwähnten Dekorationsmaterial auch Glasstringers, die über der Flamme geformt wurden (siehe Seite 60).

Brennen Sie die Spirale ein weiteres Mal, jedoch nur bei 780 °C, ohne die Temperatur zu halten. So werden Sie beim zweiten Dekorationsdurchgang eine reliefartige Struktur erhalten.

Es folgt noch ein weiterer Arbeitsgang, der die Dekoration vollendet. Reinigen Sie das Objekt und tragen Sie ein Gold- und Platin-Dekor auf. Vergessen Sie Ihre Unterschrift nicht! Der letzte Brand erfolgt bei 560 °C mit Oberhitze. Natürlich muss bei jedem Brennvorgang während 20 Minuten bei 520 °C entspannt werden.

Das Wandobjekt wird nun mit Glaselementen vervollständigt, die wir nur schneiden und sehr sauber schleifen, aber nicht mehr brennen. Die Strahlen aus rotem, opakem Glas werden anhand des Schnittmusters (Abbildung 58) zugeschnitten. Sie müssen sehr exakt geschliffen werden. Gemäss der Vorlage montieren Sie die Streifen mit Doppelklebeband auf die Rückseite der Spirale. Mit diesem stark haftenden Klebeband befestigen Sie ausserdem den Aufhänger an der geeigneten Stelle.

GLASS FUSING

63

Abbildung 57
Wandobjekt

GLASS FUSING

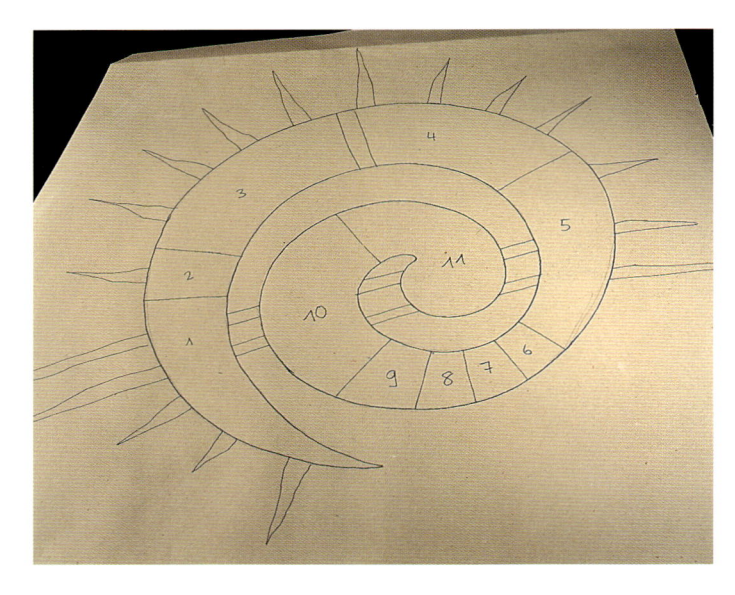

Abbildung 58
Das hier verwendete Schnittmuster

Abbildung 59
Ausgeschnittene Vorlage

GLASS FUSING

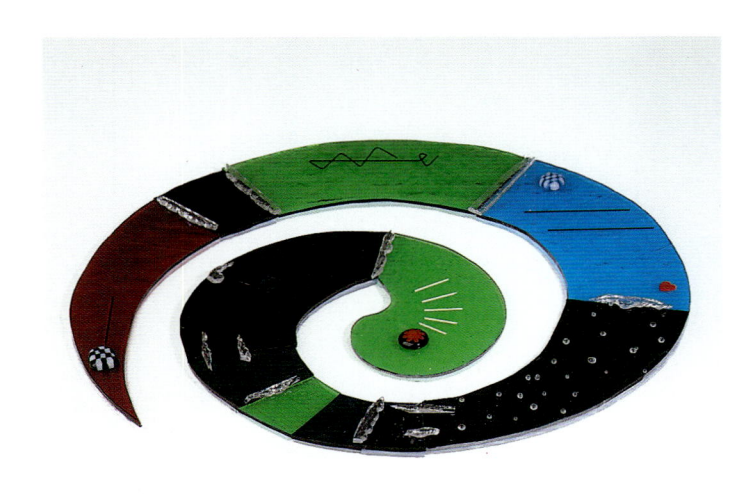

Abbildung 60
Auslage aller Teile für den Fullfuse-Brand

Abbildung 62
Zweiter Brand bei 780°C

Abbildung 61
Fullfuse der Spirale

Abbildung 63
Fertig vergoldetes Stück

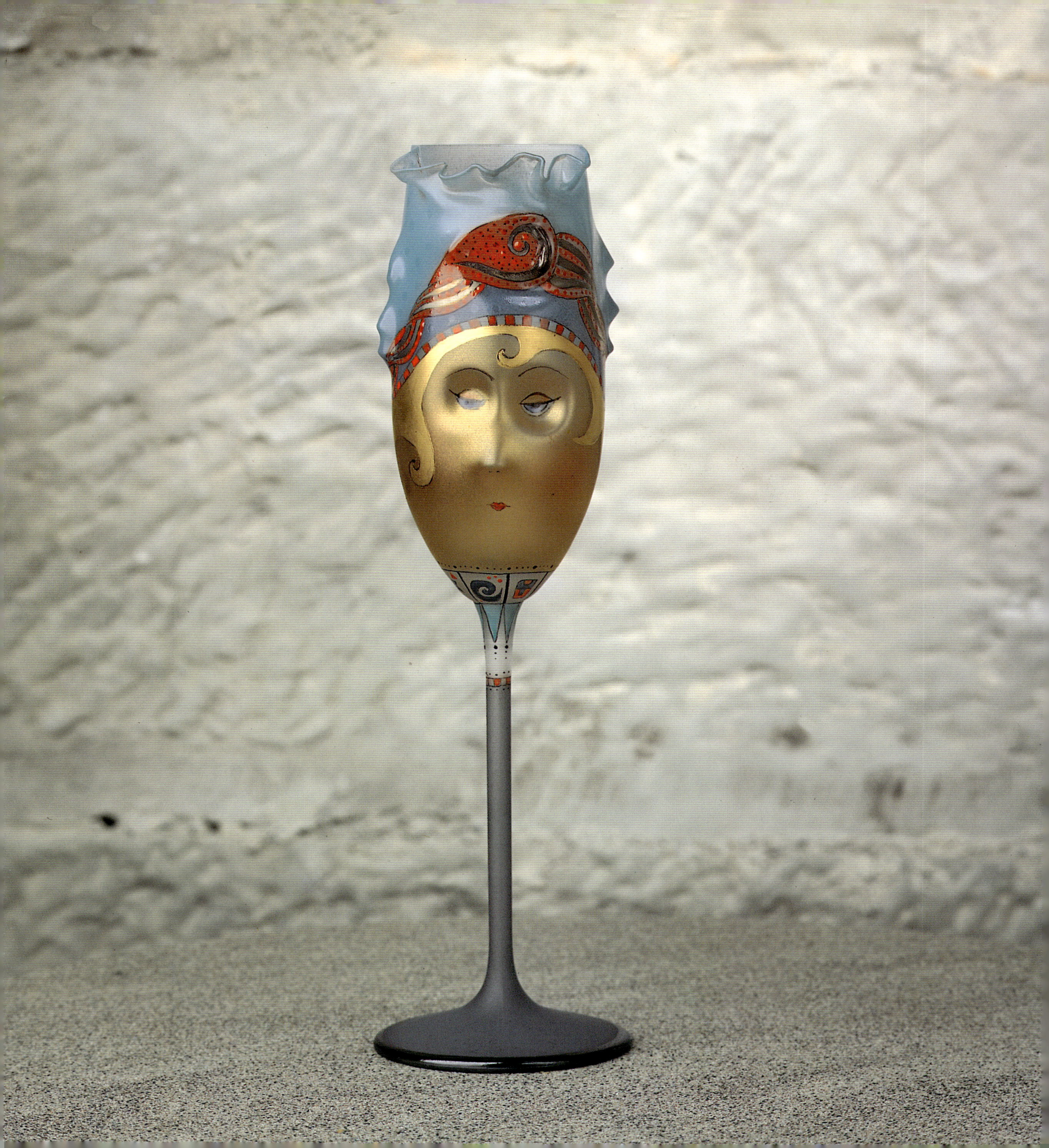

Glasmalerei

Wissenswertes

Der Glasmalerei mit ihren unbeschränkten Gestaltungsmöglichkeiten widme ich besondere Aufmerksamkeit. Leider ist diese faszinierende und vielseitige Technik viel zu wenig bekannt. Doch das wird sich hoffentlich durch die hier gezeigten Arbeiten ändern, und ich wünsche mir, dass meine Begeisterung viele anzustecken vermag.

Bemalen
Grundsätzlich lässt sich jedes Glasstück bemalen. Im Handel sind verschiedene Qualitäten von Glas erhältlich. Die meisten gläsernen Gebrauchsgegenstände sind aus Kalknatronglas (siehe Kapitel «Was ist Glas» Seite 11). Kalknatronglas lässt sich problemlos bemalen. Borsilikatglas, meistens von Glasbläsern hergestellte kunsthandwerkliche Gegenstände, sind delikater zum Bemalen, da nicht alle Farben darauf haften. Aber mit den hier verwendeten Glasmalfarben (siehe Bezugsquellen) werden Sie gute Resultate erzielen. Die Verwendung von Kristallglas ist ebenfalls möglich, aber das Glas selbst ist teurer. Ich habe für die hier vorgestellten Objekte Gläser verschiedener Qualität verwendet. Oft habe ich mich bei der Wahl von einer interessanten Form leiten lassen. Wählen Sie für die ersten Versuche billige Glaswaren, die sich sehr gut für das Bemalen eignen. Wenn Sie die Technik beherrschen, werden Sie sicher Lust erhalten, auf etwas teureren und ausgefalleneren Glasobjekten zu malen.

Korrekte Brände
Die angewendeten Farben müssen eingebrannt werden. Dabei ist grosse Sorgfalt geboten. Auch für die Glasmalerei ist es von Vorteil, einen stufenlos regulierbaren Ofen zu kaufen. Seiten- und Oberhitze müssen ebenfalls unabhängig voneinander einstell- und regulierbar sein. Für die Brände der Glasmalerei ist zu beachten, dass das Stück genug Luft und direkte Hitzeeinstrahlung hat. Hohe Stücke wie zum Beispiel Vasen werden nur mit Seitenhitze gebrannt. Flache Stücke wie Teller werden hingegen nur mit Oberhitze gebrannt. Kugeln brennt man zum Beispiel mit 50% Seitenhitze und 50% Oberhitze. Wie beim Glass Fusing sind auch bei der Glasmalerei folgende Schritte zu beachten: langsam, in etwa 90 bis 120 Minuten zum Entspannungspunkt (500°C) aufheizen, schnell auf die Ausreiftemperatur (560°C) heizen, Temperatur auf den Entspannungspunkt senken und dort halten. Entspannt werden bei der Glasmalerei nur Teile, die deutlich verschiedene Dicken des Glases aufweisen, zum Beispiel ein Whiskyglas mit dickem Boden. Die Abkühlung auf Raumtemperatur erfolgt bei geschlossenem Ofen. Die Temperaturabläufe der jeweiligen Projekte werden im entsprechenden Kapitel genau erläutert.
Auch bei der Glasmalerei spielt die Qualität der zu bemalenden Glasstücke beim Brennen eine wichtige Rolle. Natronkalkglas wird bei 560°C gebrannt. Borsilikatglas verträgt höhere Temperaturen, bis 600°C. Kristallglas hingegen muss eher tief gebrannt werden, bei 540°C.

Ausrüstung und Material

Natürlich brauchen Sie zu Beginn nicht alle erhältlichen Farben, und vielleicht verzichten Sie anfangs auch noch auf die Edelmetallpräparate wie Glanzgold oder Glanzplatin. Mit der Zeit werden Sie die Farbpalette ausbauen und sich auch an Golddekore wagen wollen.

Ausserdem brauchen Sie Lust auf Neues, Phantasie und Inspiration, die Sie auf Glas umsetzen. Nach dem Nacharbeiten von einigen der nachfolgenden Projekten werden Sie über alle nötigen Voraussetzungen verfügen, um eigene Ideen zu realisieren.

Abbildung 64
Für die Glasmalerei benötigtes Material. Für eine komplette Ausrüstung brauchen Sie die nachstehend aufgeführten Materialien:
1. *Verschiedene transparente und opake (nicht transparente) Farben; Metallic- und Interferenzfarben; Relief-Farben; Kristalleis*
2. *Universalmedium; Verdünner für Universalmedium; Konturenmedium; Kleber für Kristalleis*
3. *Bleistift für Glas; Weissstift für Glas; Whipe-out-stick; Feder; Spachtel; Kachel*
4. *Verschiedene kurz- und langhaarige Pinsel; feiner und grober Schwamm*
5. *Glanzgold; Glanzplatin; verschiedene Lüster; Lüster- und Goldverdünner*
6. *Abdeckfolie; Schere; Cutter*
7. *Wasser; Baumwolltücher oder Lappen, die nicht fusseln; Brennsprit*

GLASMALEREI

> *Farben*
>
> Für die Glasmalerei benötigen Sie transparente und opake Farben. Diese Farben werde in Pulverform vertrieben und sind nicht gebrauchsfertig. Sie müssen zuerst angemischt werden. Wie wichtig das korrekte Vorbereiten der Farbe ist, lesen Sie im Abschnitt «Farben anmischen» auf Seite 70. Seidenmatt ist eine halbtransparente, weisse Farbe. Metallic- und Interferenzfarben sind metallisch schimmernde Farben. Die Farben werden aus Metalloxiden und Flussmitteln hergestellt. Bei den Relief-Farben stehen uns Relief-Weiss, Relief-Schwarz und Relief-Transparent zur Auswahl. Relief-Transparent kann im Verhältnis 1:1 mit opaken Glasmalfarben eingefärbt werden.
>
> *Verschiedene Medien*
>
> Universalmedium und Verdünner für Universalmedium braucht man zum Anmischen der Farben für die Malerei und zum Stupfen. Mit Konturenmedium angemischte Farben werden mit der Feder aufgetragen.
>
> *Kristalleis*
>
> Kristalleis sieht ungebrannt aus wie Salz und hinterlässt nach dem Brand eine rauhe Oberfläche. Den Kleber für Kristalleis benützen Sie, um das Kristalleis vor dem Brand auf dem Stück zu fixieren.
>
> *Stifte und andere Instrumente*
>
> Den Bleistift und Weissstift brauchen Sie für die Skizzen auf Glas. Mit dem Whipe-out-stick (Holzstäbchen mit Gummispitze) tragen Sie die Relief-Farben auf. Die Feder braucht man vor allem für das exakte Ausführen von Konturen. Mit dem Spachtel wird die Farbe auf der Kachel angerieben.
>
> *Pinsel*
>
> Es lohnt sich, Pinsel von hochstehender Qualität anzuschaffen, denn die Pinselstriche werden durchwegs schöner und weicher. Ich benütze ausschliesslich Kolinski-Marder-Pinsel. Die Schwämme brauchen wir für die Stupfarbeiten, um Farben flächig und gleichmässig verteilt aufzutragen.
>
> *Glanzgold und Glanzplatin*
>
> Glanzgold und Glanzplatin runden jedes Stück sehr schön ab und verleihen ihm eine dezente Eleganz. Auch Lüsterfarben setzen wunderbare Akzente, wenn sie richtig eingesetzt werden. Verdünner für Gold und Lüster brauchen Sie, um kleine, beim Auftragen entstandene Fehler zu korrigieren oder um Gold, Platin oder Lüster zu verdünnen.
>
> *Abdeckfolie*
>
> Mit der Abdeckfolie schützen wir Glasflächen, die nicht bemalt werden sollen. Schere und Cutter werden eingesetzt, um die Folie wunschgemäss zu schneiden.
>
> *Wasser*
>
> Da all unsere Malmedien wasserlöslich sind, brauchen wir Wasser, um die Utensilien zu reinigen. Baumwolltücher und Brennsprit sind für die Reinigung ebenfalls unerlässlich.

Technische Grundlagen

FARBEN ANMISCHEN

Um sehr gute Malergebnisse zu erhalten, muss die Farbe perfekt angemischt werden. Man nennt diesen Arbeitsgang «Farbe anreiben». Leider ist das Farben Anreiben nicht sehr beliebt, weil es etwas eintönig ist und Geduld verlangt, wenn man doch schon anfangen möchte zu malen. Deswegen empfehle ich meinen Schülerinnen und Schülern, gleich eine ganze Portion Farbe nur mit Universalmedium (Chroma Nr. 1600), einem geruchsfreien, wasserlöslichen Öl, sehr gut anzuspachteln, in den Behälter zurückzugeben und gut verschlossen aufzubewahren. Nehmen Sie sich Zeit für diesen Arbeitsgang, denn er zahlt sich beim Malen durch eine sehr streichfähige, feine Farbe aus. Später kann die Farbe im Behälter kurz durchgerührt, die notwendige Menge entnommen und mit Verdünner (Chroma Nr. 1604) auf der Kachel zur gewünschten Malkonsistenz angemischt werden. Einer Spachtelspitze angerührter Farbe fügen Sie zwei bis drei Tropfen Verdünner hinzu und mischen die Farbe kurz durch. Der Verdünner dient dazu, die Farbe fettfrei, flüssiger bzw. streichfähiger zu machen.

Zum Anreiben der Farbe verwende ich eine aufgeraute (sandgestrahlte) Kachel und einen sehr flexiblen Spachtel. Mit Universalmedium angemischte Farben trocknen sozusagen nicht aus, wenn sie gut verschlossen gelagert werden. Sie können monatelang damit arbeiten, und die Qualität der Farbe leidet durch diese Lagerung überhaupt nicht, im Gegenteil, sie quillt langsam etwas auf und wird eher feiner. Ein weiterer, grosser Vorteil des Universalmediums ist seine Wasserlöslichkeit. Es ist geruchlos, und alle Utensilien können mit Wasser gereinigt werden. Ich verwende dazu ein billiges, kohlesäurefreies Mineralwasser. Sehr kalkhaltiges Wasser kann der Farbe und den Werkzeugen längerfristig schaden. Beginnen Sie mit dem Anreiben, indem Sie die ganze Portion auf die Kachel leeren und eine kleine Vertiefung in der Mitte machen. Füllen Sie diese mit Universalmedium auf, und befeuchten Sie als erstes das ganze Pulver. Nun wird, mit einem guten Druck auf dem Spachtel, die Farbe durchgerieben, bis keine kleinen Klümpchen mehr sichtbar sind. Die so angeriebene Farbe muss in einem schweren Tropfen vom Spachtel fallen, erst dann hat sie die richtige Konsistenz.

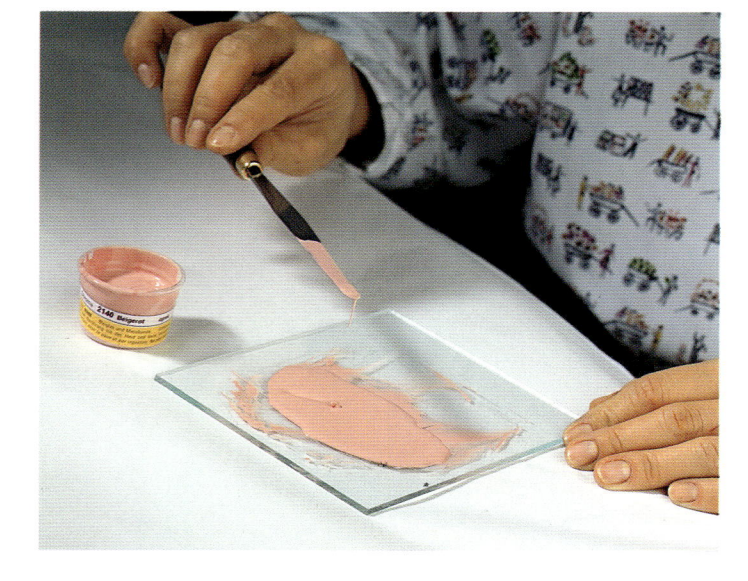

Abbildung 65
Angeriebene Farbe

GROSSFLÄCHIG SEIDENMATT STUPFEN

Seidenmatte Farbe auf Glas angewendet wirkt so, als ob das Glas sandgestrahlt worden sei. Sandgestrahltes Glas – oder eben mit seidenmatter Farbe behandeltes – ist nicht mehr ganz transparent. Die Sandstrahl-Imitation mittels seidenmatter Farbe wird in der Glasmalerei sehr oft angewendet. Meistens dient Seidenmatt dazu, einen Hintergrund oder einen Untergrund für weitere Arbeitsgänge zu gestalten.

Der Auftrag der Seidenmatt-Farbe wird mit einem weichen Schwamm gemacht. Um sehr ebene Resultate zu erhalten, verwende ich dazu immer Schwamm-Rondellen von feiner Qualität. Seidenmatt ist eine schwierige Farbe, da sie sich schlecht auflöst. Ich reibe das Seidenmatt an und lasse die Farbe dann mindestens eine Stunde, wenn möglich länger, quellen. So lösen sich die letzten Farbpartikel noch auf, und man kann mit einer sehr feinen Farbe arbeiten. Hier gilt auch wieder: Es ist von Vorteil, die ganze Portion anzureiben und je nach Bedarf die benötigte Menge zu entnehmen. Sie werden sehen, je länger die angeriebene Farbe gestanden ist, desto einfacher ist die Verarbeitung.

Eine Portion Farbe wird auf der Kachel mit einigen Tropfen Verdünner gemischt. Ich falte den Schwamm zweimal und tupfe in die Farbmenge. Danach stupfe ich erst auf der Kachel zwei- bis dreimal die überschüssige Farbe ab und beginne, das Stück mit einem gewissen Druck zu stupfen. Achten Sie darauf, das Stück mit senkrechten Bewegungen zu stupfen. Sie vermeiden so unschöne Schwammspuren.

Wenn die Farbe auf dem ganzen Stück verteilt ist, wird sie mit sanften Bewegungen gleichmässig verteilt. Dazu müssen Sie manchmal das ganze Stück zwei- bis dreimal überarbeiten. Achten Sie auf einen dünnen, regelmässigen Auftrag. Auf die gleiche Weise stupfen Sie auch andere Farben. Mit Seidenmatt ist es nur viel delikater, regelmässig und fein auszustupfen.

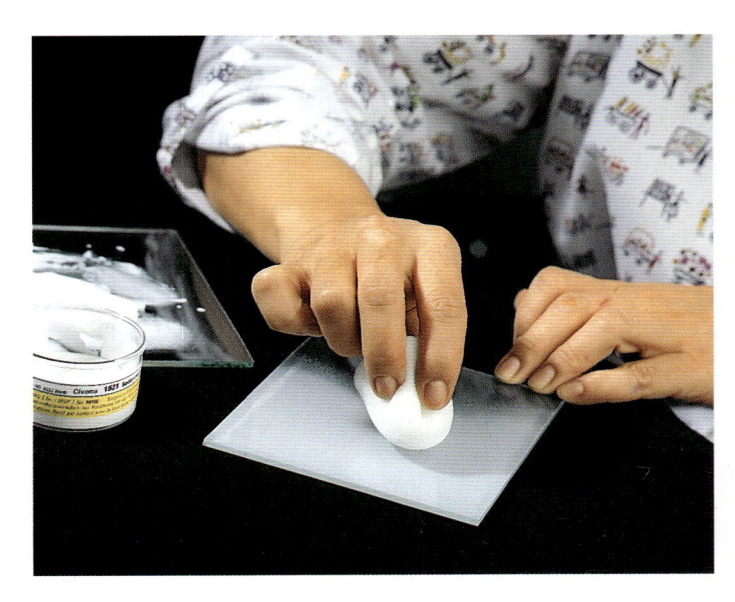

Abbildung 66
Bewegung beim Stupfen

Abbildung 67
Seidenmatt grob verteilt, fein gestupft und gebrannt

GLASMALEREI

FEDERARBEIT

Für kleinste Details und Konturen erzielt man die besten Resultate, wenn man sie mit der Feder ausführt. Dazu wird die Farbe, meistens Schwarz (Chroma Nr. 2131), mit Konturenmedium (Chroma Nr. 1602) zu einer so flüssigen Konsistenz angemischt, dass sie mühelos mit der Feder zu verarbeiten ist.

Um die Farbaufnahme mit der Feder zu erleichtern, leere ich die Farbe immer in ein kleines Schälchen um. So trocknet sie weniger schnell aus als auf der Kachel. Sollte die Farbe doch mit der Zeit ein wenig zäh werden, füge ich nochmals zwei bis drei Tropfen Wasser dazu und mische die Farbe mit dem Pinsel oder dem Stäbchen wieder auf. Fügen Sie der Farbe kein zweites Mal Konturenmedium bei zum Verdünnen, sondern nur Wasser. Zu beachten ist, dass das Konturenmedium weniger schnell trocknet als das Universalmedium. Die Farben erscheinen vor dem Brand auch immer blasser, als sie effektiv danach sind. Um das Resultat vor dem Brand abschätzen zu können, braucht es einige Erfahrung.

Abbildung 68
Arbeiten mit der Feder

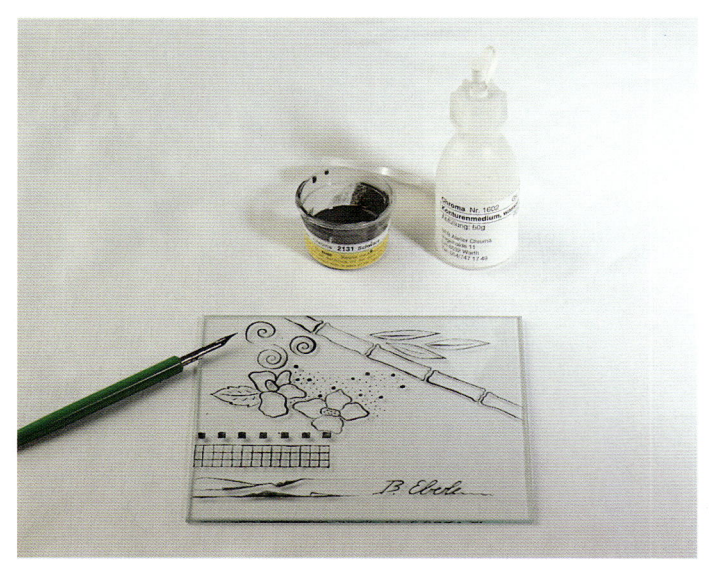

Abbildung 69
Fertiges, ungebranntes Stück in Federarbeit und das benötigte Material

GLASMALEREI

PINSELARBEIT

Dieses Kapitel fällt eigentlich unter die klassische Malerei. Man modelliert Blumen oder Tiere, indem man die natürliche Bewegung des zu malenden Gegenstandes mit dem Pinsel ausführt. Für kleinere Sujets verwende ich einen hochwertigen Kolinski-Marder-Pinsel mit kurzen Haaren, für grössere Sujets einen Pinsel mit längeren Haaren. Die Wahl des Pinsels ist ein Erfahrungswert. Es ist aber auch eine Frage der persönlichen Neigung, ob man lieber mit langen oder kurzen Haaren malt. Für eine Rose mischen Sie sich zum Beispiel Beigerot (Chroma Nr. 2140) und Dunkelrot (Chroma Nr. 2145) an. Danach wird der Pinsel beidseitig durch die helle Farbe gezogen. Der Pinsel muss voller Farbe sein, darf aber nicht überladen werden. Nun ziehen Sie den mit Beigerot getränkten Pinsel seitlich (auf der Schattenseite) durch das Dunkelrot. Je mehr Dunkelrot aufgenommen wird, desto dunkler wird die Rose sein. Der Pinsel ist nun bereit. Er wird auf das Glas aufgesetzt, gedrückt und dann mit einer stetigen Abwärts-Bewegung in Form eines C oder eines Halbmondes geführt. Diesen Pinselstrich muss man nach links, nach rechts und gerade beherrschen. Er ist nämlich die Basis für sämtliche kleineren Sujets, die in natürlicher Manier ausgeführt werden.

Abbildung 70
Ungebranntes und gebranntes Stück mit den Basis-Pinselstrichen

GLASMALEREI

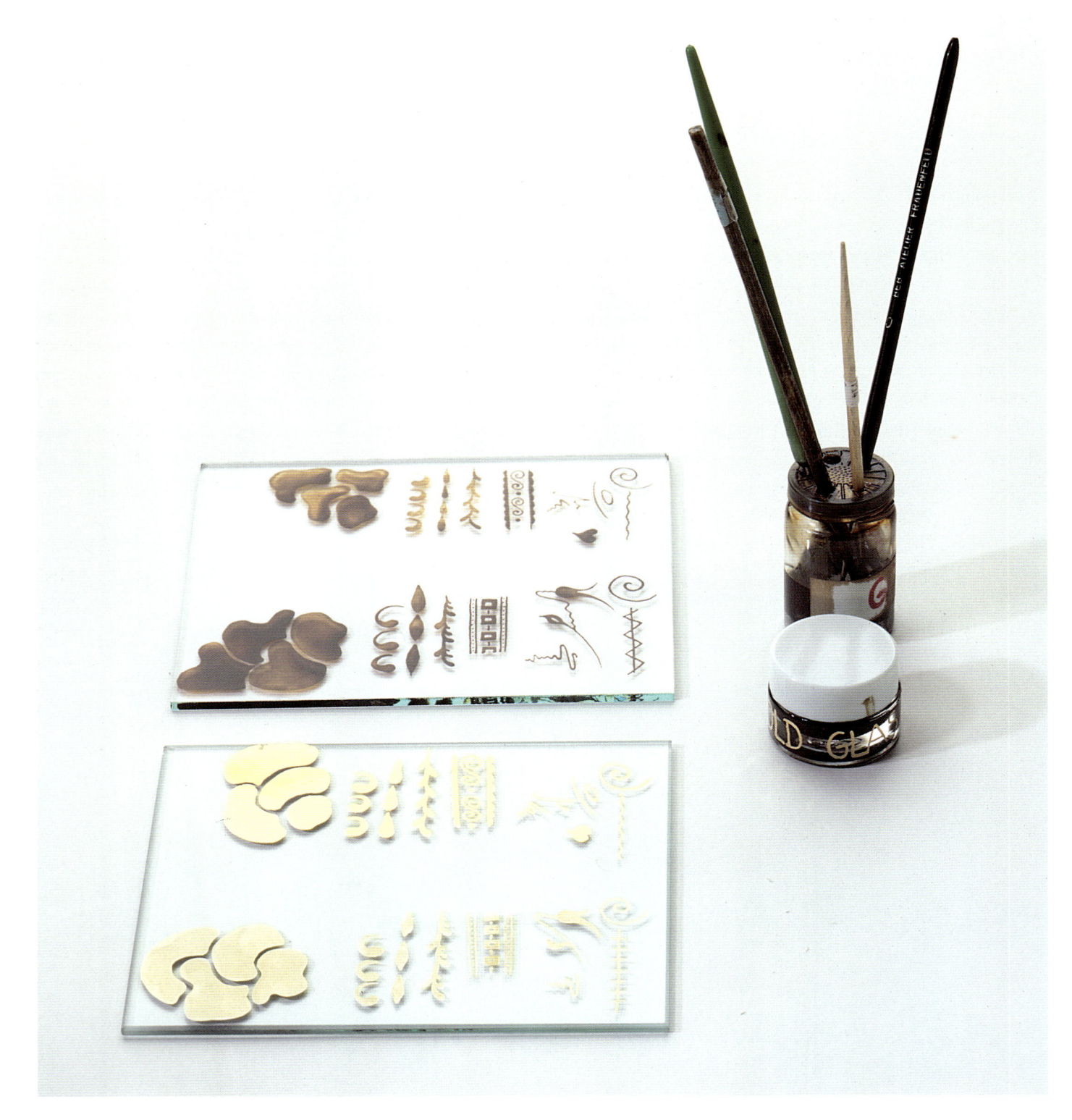

74

Abbildung 71
Ungebrannter und gebrannter Goldauftrag mit Pinsel und Feder ausgeführt

GOLDARBEITEN MIT PINSEL UND FEDER

Gold oder Platin sind Edelmetallpräparate, die den gemalten Glasstücken den letzten Schliff, die edle Note, das Besondere verleihen. Sie sind unerlässlich für die Glasmalerei. Gold (Chroma Nr. GG100/12) und Platin (Chroma Nr. GP 105) werden im Handel gebrauchsfertig angeboten. Der Gold- oder Platinanteil variiert zwischen 9% und 12%. Das Edelmetall wurde vom Hersteller mit Trägerchemikalien und Verdünner angereichert. Ungebrannt erscheinen die Edelmetalle braun bis schwarz. Die Trägerchemikalien verbrennen während des Brandes, und das Resultat ist wunderbar gold- oder silberfarben. Der Auftrag der Edelmetalle bedarf einer gewissen Fertigkeit, da Korrekturen schwierig auszuführen sind und das Entfernen der Edelmetalle von den Stücken heikel ist. Bleibt nur eine Spur davon auf dem Glas, erscheint diese nach dem Brand als grauer Schimmer zurück. Wichtig ist auch, dass man für den Gold- oder Platinauftrag separate Pinsel verwendet. Edelmetalle sind sehr anfällig auf Verunreinigungen jeder Art. Auch aus Kostengründen lohnt es sich deshalb, sehr sorgfältig damit umzugehen.

Für den Pinselauftrag benötigen Sie einen weichen, langhaarigen Pinsel. Ich bevorzuge hier eine gute Kunsthaar-Qualität, weil die Edelmetalle aggressiv sind und die Pinsel häufiger ersetzt werden müssen als bei der herkömmlichen Malerei. Da der Verdünner die Pinselhaare austrocknet, brechen diese eher ab. Ein grosser Anteil der Edelmetallpräparate besteht aus Verdünner, der auch schnell verdunstet. Sollte dies der Fall sein, fügen Sie dem Präparat zwei bis drei Tropfen Goldverdünner (Chroma Nr. 1605) zu und mischen oder schütteln das Präparat gut durch. Edelmetallpräparate müssen immer gut verschlossen gelagert werden. Für den Federauftrag entnimmt man eine kleine Menge Gold oder Platin auf eine saubere Kachel, fügt ein wenig Verdünner dazu und mischt das Gemenge. Seien Sie vorsichtig bei der Anwendung von Verdünner. Das Edelmetallpräparat soll gut von der Feder laufen, aber trotzdem nicht zu flüssig sein. So können feinste Goldverzierungen angebracht werden. Ich bevorzuge es jedoch, mein Gold oder Platin in ein Glasgefäss mit Schraubverschluss zu leeren. Dies erleichtert mir die Aufnahme mit dem Pinsel oder der Feder ungemein. Für die Lagerung der Edelmetallpinsel und -federn verwende ich einen kleinen Glasbehälter mit Kunststoffkappe. Mit einer Lochzange werden zwei bis drei Löcher in die Kunststoffkappe gestanzt, und der Behälter wird mit Goldverdünner gefüllt. Die Pinsel und Federn werden in die Kappe gesteckt und hängen eingetaucht im Goldverdünner in diesem Behälter. So sind sie immer gebrauchsbereit, und man verliert kein Gold, da der mit Edelmetall verschmutzte Verdünner für die Goldverdünnung wieder verwendet werden kann.

GLASMALEREI

RELIEFAUFTRAG

Relief-Farben hinterlassen – wie es ihr Name schon sagt – eine reliefartige Struktur auf der Oberfläche. Uns stehen drei Relief-Farben zur Verfügung: Relief-Schwarz (Chroma Nr. 1526), Relief-Transparent (Chroma Nr. 1520), das man einfärben kann, und Relief-Weiss (Chroma Nr. 1522). Alle Relief-Farben werden mit Universalmedium (Chroma Nr. 1600) zu einer zahnpastadicken Konsistenz angerieben. Hier gilt auch wieder: Die Farbe muss gut durchgespachtelt werden, bis sie sehr homogen ist. Die eingedickten Relief-Farben verdünne ich nicht mit Verdünner, sondern mit zwei bis drei Tropfen Wasser. Der Auftrag erfolgt mit einem Stäbchen oder einem Whipe-out-stick. Die Relief-Paste wird nicht aufgemalt, sondern folgendermassen aufgetragen: Die Spitze des Werkzeuges wird mit Relief-Paste beladen, auf dem zu dekorierenden Glasstück abgesetzt, und dann zieht man das Stäbchen langsam über das Glas, ähnlich wie das bei einer Kuchendekoration mit Rahm gemacht wird.

Wenn das Relief aufgetragen ist, wirkt es in ungebranntem Zustand eher blass und breit. Beim Brennen zieht es sich leicht zusammen und wird damit zu einer sehr effektvollen Dekorationsmöglichkeit. Das Relief-Schwarz, oft auch Schwarzlot genannt, wird meistens für die Konturierung gebraucht, zum Beispiel für Blumen, Tiere usw. Für die moderne, eher abstrakte Malerei ist seine Anwendung unbeschränkt. Relief-Weiss setzt auch wunderbare Effekte. Das Faszinierende am Relief-Transparent ist die Möglichkeit, es einzufärben. Nehmen Sie dazu einen Teil Relief-Transparent und einen Teil opaker Malfarbe. Dieses Gemenge wird angemischt und angewendet wie die anderen Relief-Farben. Vorsicht: Relief-Transparent kann nicht mit transparenten Farben gemischt werden. Das Resultat ist immer grau.

Abbildung 72
Reliefauftrag mit Whipe-out-stick

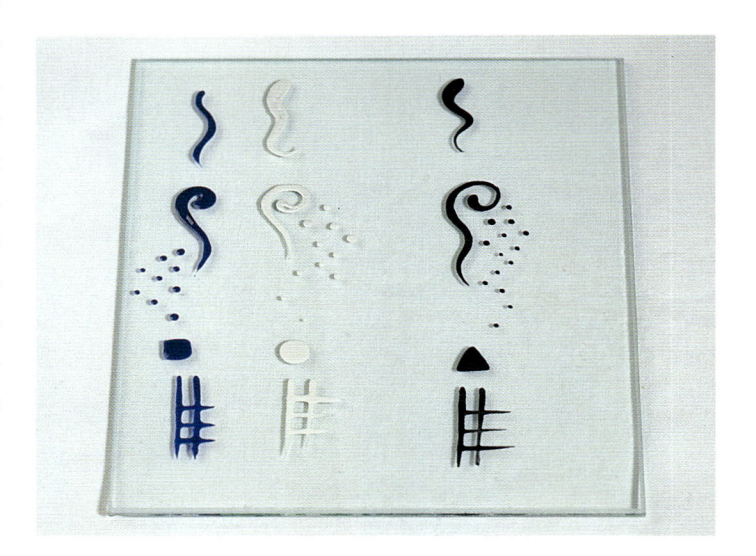

Abbildung 73
Relief-Transparent im Verhältnis 1:1 mit Dunkelblau eingefärbt, Relief-Weiss- und Relief-Schwarz-Auftrag. Gebranntes Stück

KRISTALLEIS

Kristalleis ist weiss und sieht ungebrannt wie Salz oder Zucker aus. Der Effekt von Kristalleis ist eine sehr spezielle, unregelmässig erhöhte Fläche. Kristalleis wird vor allem in der modernen Malerei angewendet. Die Anwendung erscheint zu Beginn ein wenig fremd. Scheuen Sie jedoch die Versuche damit nicht. Sie werden begeistert sein. Transparentes Kristalleis wird im Handel in drei Körnungen angeboten: grob (Chroma Nr. 1525), mittel (Chroma Nr. 1524) und fein (Chroma Nr. 1523). Damit das Kristalleis auf der Glasoberfläche haftet, benötigt man einen Kleber (Chroma Nr. 1612). Dieser wird mit einem weichen Pinsel sehr dünn dort aufgetragen, wo man den Kristalleis-Effekt haben möchte.

Nun leert man das Kristalleis über die zu behandelnden Flächen. Was immer auf dem Kleber haftet, reicht für einen guten Effekt. Ich halte mein Stück immer über ein Seidenpapier, sammle das überschüssige Kristalleis wieder auf und leere es zurück in den Behälter.

Gebrannt ist das Kristalleis transparent. Die Oberfläche kann jetzt natürlich mit Gold, Platin oder Farbe weiterbearbeitet werden.

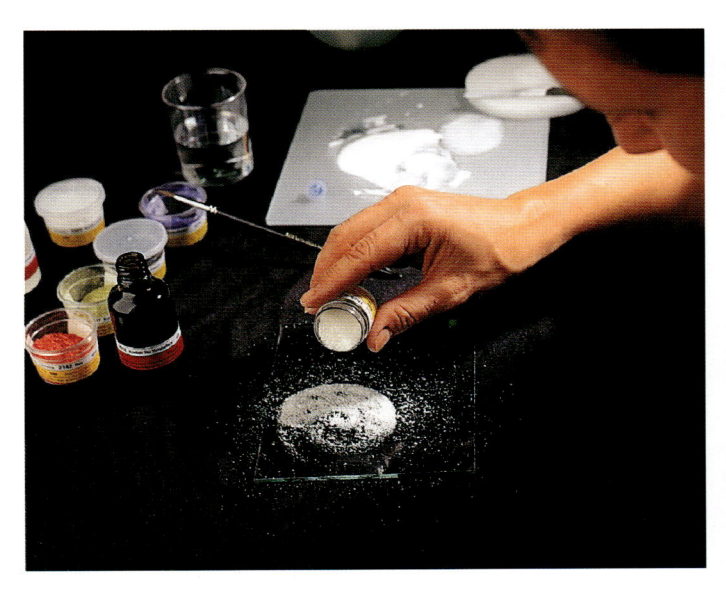

Abbildung 74
Kristalleis-Auftrag

Abbildung 75
Schön aufgetragenes Kristalleis, bereit für den Brand

GLASMALEREI

Abbildung 76
Gebranntes Kristalleis der drei genannten Körnungen, fein, mittel und grob

Abbildung 77
Gebrannter Interferenz-Auftrag auf klarem Glas und auf schwarz unterlegten Mustern

INTERFERENZFARBEN

Eine Interferenzfarbe (Chroma Nr. 1450 bis 1454) ist eine reflektierende Farbe. Um eine Reflexion zu bewirken, muss man sie auf einen dunklen Untergrund auftragen. Die schönsten Resultate erzielt man auf schwarzem Untergrund. Wunderbar wirkt die Interferenzfarbe auch auf schwarzem Glas. Falls Sie auf hellem Glas arbeiten, tragen Sie die dunkle Grundfarbe mit dem Pinsel auf oder stupfen Sie ein Muster in Schwarz und brennen Sie es.

Die Interferenzfarbe reagiert am schönsten, wenn sie sehr dünn aufgetragen wird, nach dem Prinzip ‹je weniger, desto schöner›. Reiben Sie die Farbe wie gewohnt an, verdünnen Sie sie mit einigen Tropfen Verdünner, und geben Sie ausserdem einige Tropfen Wasser dazu. Diese eher flüssige Farbe stupfen Sie sorgfältig und ganz eben über die gewünschten Flächen. Auf transparentem Glas ohne Untergrund wirkt die Interferenzfarbe etwas metallisch und hat doch einen leichten Farbton. Es lohnt sich, das Seidenmatt abwechslungsweise mit der Interferenzfarbe zu ersetzen. Sie werden sich über das Resultat freuen.

Abbildung 78
Ungebrannter und gebrannter Interferenz-Auftrag auf schwarzem Glas

LÜSTERFARBEN

Lüsterfarben sind Edelmetallpräparate mit intensivem Glanz und Brillanz. Der Lüstereffekt ist vor allem auf Porzellan sehr häufig zur Anwendung gekommen. Der intensive Glanz und Schimmer der Lüster-Oberfläche hat auch auf Glas einen ganz besonderen Reiz und ist ein Muss in der Glasmalerei. Der Auftrag von Lüster (Chroma Nr. LU125A bis LU666T) kann auf verschiedene Arten erfolgen.

Lüsterauftrag mit dem Schwamm

Der Lüster wird mit Lüsterverdünner (Chroma Nr. 1605) etwas verdünnt. Nun streichen Sie die zu bemalende Fläche mit einem Kunsthaar-Pinsel ein und stupfen diese mit einem Schwamm eben aus. Da Lüster schnell verdunstet, ist dieser Arbeitsgang zügig auszuführen. Den Schwamm werfen Sie danach am besten gleich weg, da eine Reinigung schlecht möglich ist.

«Geschwemmter» Lüsterauftrag

Flache Stücke können auch «geschwemmt» werden. Verschiedene Lüster werden tropfenweise auf das Glas gegeben und mit doppelter Tropfenanzahl von Lüsterverdünner vermengt. Nun verreibt man die Lüster mit dem Finger (Handschuhe benützen) oder mit einem breiten Pinsel. Man hebt das Stück und schwenkt es hin und her, damit die Lüster wunderbar ineinander verlaufen. Das Stück muss liegend trocknen.

Filmauftrag

Eine weitere Anwendungsmöglichkeit mit Lüster ist der Filmauftrag. Vorzugsweise wird ein Glas- oder Porzellangefäss mit handwarmem Wasser gefüllt. Man lässt drei bis vier Tropfen Lüster über den Spachtel auf die Oberfläche gleiten (Abbildung 79). So entsteht ein Film, ähnlich der Haut, die sich auf der heissen Milch bildet. Warten Sie einen Moment, bis sich der Film nicht mehr bewegt und erstarrt ist. Das zu dekorierende Glasstück taucht man nun sorgfältig in den Film und dreht es langsam von sich weg. So zieht man den ganzen Film auf.

Das Resultat ist zufällig, aber immer sehr effektvoll. Diese Dekorationsart eignet sich bestens, um mit Gold, Platin oder Federdekor weiterbearbeitet zu werden.

HALO-Lüster-Auftrag

Die HALO-Lüster (Chroma Nr. LU315 bis LU322) sind eine spezielle Art von Lüster. Man kann mit ihnen gezielte Effekte erreichen, die mit normalem Lüster nicht möglich sind. Man trägt den HALO-Lüster grossflächig mit einem weichen Pinsel auf und zeichnet – ebenfalls mit HALO-Lüster – mit einen spitzen, langen Pinsel die gewünschten Muster auf die Grundierung ein. Die Muster können ganz gezielt aufgetragen werden. Je weniger Lüster Sie zum Zeichnen verwenden, desto feiner wird das Resultat.

Abbildung 79
Den Lüster auf die Wasseroberfläche gleiten lassen

GLASMALEREI

Abbildung 80
Aufnahme von Lüsterfilm

Abbildung 81
Das Auftragen von HALO-Lüster

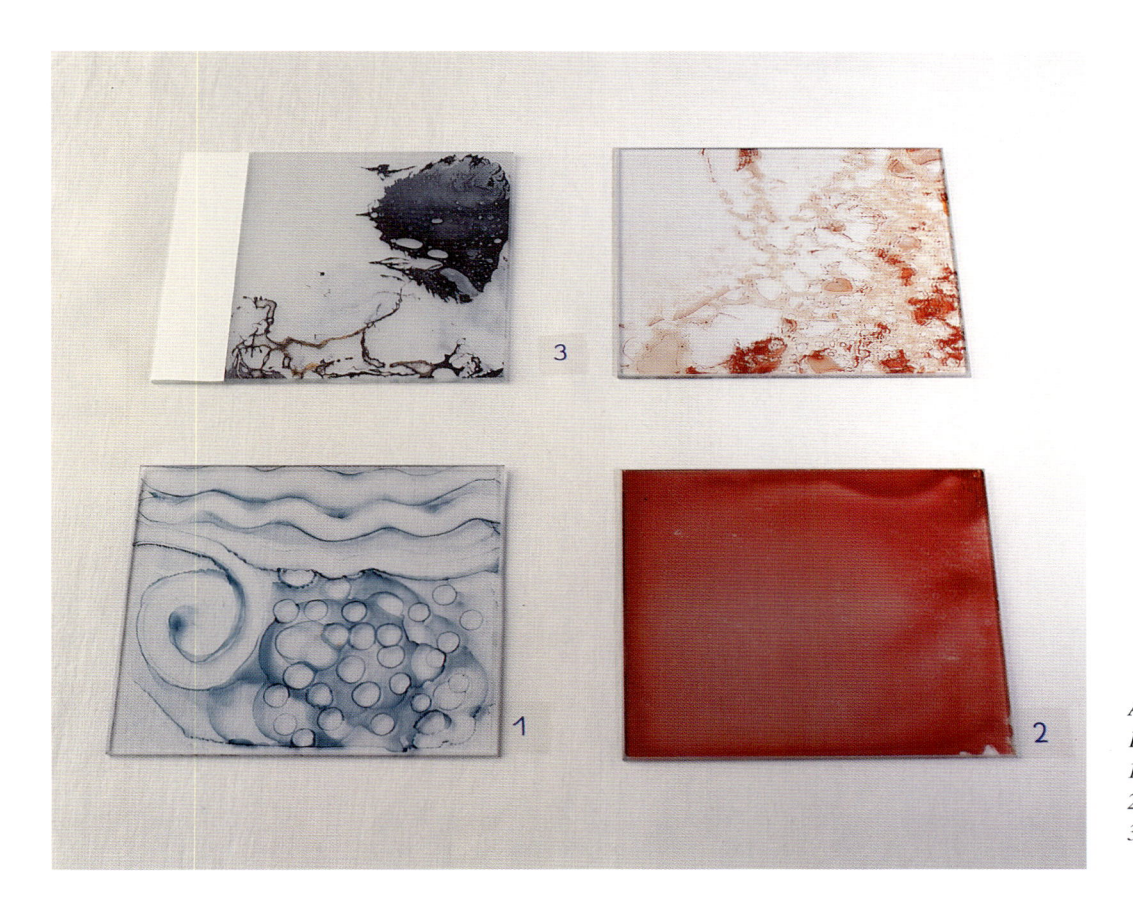

Abbildung 82
Lüsteraufträge gebrannt:
1. HALO-Lüster
2. geschwemmter Auftrag
3. zwei Beispiele
  von Lüster-Filmauftrag

GLASMALEREI

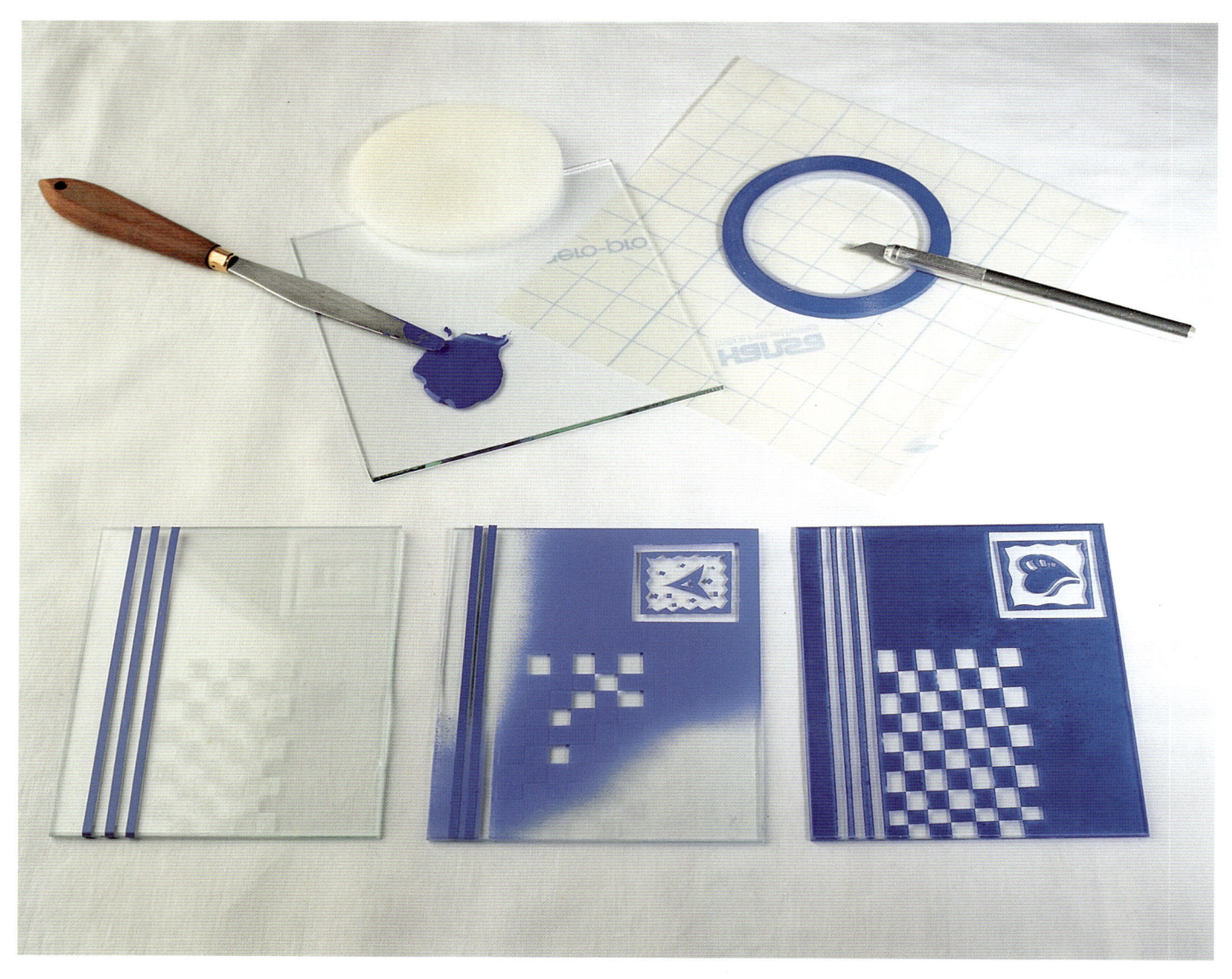

Abbildung 83
Arbeiten mit Abdeckfolie:
Links Folienauftrag. Mitte überstupftes Stück.
Rechts gebranntes Stück

ARBEITEN MIT ABDECKFOLIE

Um einen sehr exakten Farbauftrag nach einer bestimmten Vorlage zu erhalten, arbeite ich immer mit einer leicht haftenden Abdeckfolie. Diese Reservetechnik eignet sich besonders gut für geometrische und sehr kleine Muster. Gerade Linien zu ziehen wird zu einem Kinderspiel. Zu Beginn muss man sich an die Schutzfolie gewöhnen, aber später kann und möchte man sie auf keinen Fall missen. Die Vorzüge zeigen sich, je länger man damit arbeitet.

Wie immer wasche ich das Glas makellos. Nun klebe ich die Originalvorlage auf die Rückseite des zu bemalenden Glasstückes. Wenn möglich überziehe ich das ganze Stück mit der Schutzfolie. Bei gewölbten Teilen muss man keilförmige Ausschnitte wegschneiden, damit die Folie keine Falten wirft. Nun übertrage ich meine Vorlage mit Bleistift auf die Folie und schneide mit dem Cutter exakt der Vorzeichnung nach. Wenn man geübt mit dem Cutter umgehen kann, erübrigt sich das Vorzeichnen, und man kann direkt nach Vorlage schneiden.
Mit einer gut angeriebenen Farbe überstupfe ich nun die ganze Fläche.

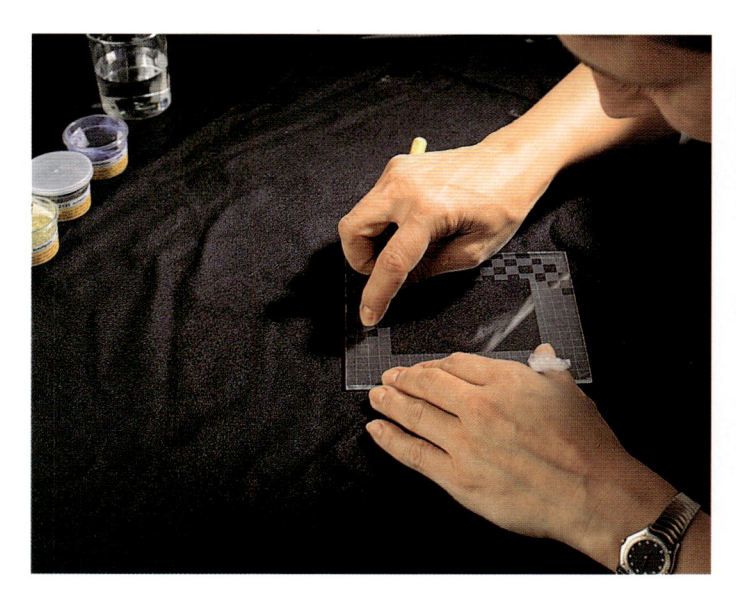

Abbildung 84
Schneiden der Abdeckfolie

Abbildung 85
Überstupfen der Abdeckfolie mit Farbe

GLASMALEREI

84   Nun lasse ich den Farbauftrag trocknen. Wenn es eilt, stelle ich das Glas 15 Minuten bei 80°C in den Brennofen. Lassen Sie das Stück keinesfalls im Backofen trocknen, denn Glasmalfarben können bleihaltig sein. Das Blei kann in die Nahrung gelangen und ist gesundheitsschädigend. Wenn die Farbe trocken ist, löse ich mit der Cutterspitze die restliche Folie ab.

Abbildung 86
Entfernen der Restfolie

ARBEITEN MIT ABDECKLACK

Freihändig gezeichnete Formen lassen sich mit Abdeckfolie kaum ausführen. Dafür ist eine andere Reservetechnik bestens geeignet, das Arbeiten mit Abdecklack (Chroma Nr. 1610). Aber Abdecklack hat so seine Tücken! Entweder ist er wasser- oder verdünnerlöslich. Ich habe entdeckt, dass sich Filmlösung, die ansonsten für den indirekten Siebdruck gebraucht wird, sehr gut als Abdecklack eignet. Wenn die Filmlösung trocken ist, ist sie resistent gegen Wasser (Farben mit Universalmedium angemischt) und gegen Verdünner (Lüster und Gold). Die Filmlösung muss sehr dick aufgetragen werden und gut trocken sein, bevor Farbe oder Lüster darüber gemalt werden dürfen. Wenn die Farbe trocken ist, kann der Abdecklack mit einem spitzen Gegenstand aufgestochen und weggezogen werden.

Abbildung 87
Arbeiten mit Abdecklack: Auftrag des Abdecklackes. Auftrag der Farbe und Entfernung des Lackes. Gebranntes, fertiges Stück

INDIREKTER SIEBDRUCK

Mit dem indirekten Siebdruck können Effekte erzielt werden, die auf Glas nie direkt oder nur sehr schwer machbar sind. Zu den Techniken, die mit dem indirekten Siebdruck auf Glas möglich sind, gehören das Stempeln, Drucken, die Fingermalerei, das Auftragen von Farbe mit dem Roller, das Sprenkeln mit Zahnbürste und Sieb, Scherenschnitte, Gravuren usw. Dies sind nur wenige Anregungen, wie der indirekte Siebdruck angewendet werden kann. Das Prinzip des indirekten Siebdruckes wird schon im Namen ausgedrückt: Die Farbe wird zuerst auf ein Trägermedium gebracht und mit dem Träger auf das Glasstück – also indirekt – aufgetragen.

Mischen Sie die Farbe im Verhältnis 1:1 mit dem Medium für indirekten Siebdruck (Chroma Nr. 1601). Nun wird die Farbe auf das speziell beschichtete Trägerpapier auf der glänzenden Seite gebracht. Der Auftrag geschieht mit einem dicken Borstenpinsel, mit einem Kunststoffroller oder mit den Fingern (Handschuhe tragen). Sie können die Farbe auch auf einer Kachel dünn ausrollen und beispielsweise mit Ihrem Firmenstempel auf das Papier übertragen. Damit können Sie Glaswaren mit Ihrem Firmennamen auf einfache Weise selbst herstellen. Kinder können nach dem gleichen Prinzip mit Kartoffelstempeln arbeiten. Wenn die Farbe auf das Papier gerollt wird, können Sie anschliessend mit einem Holzstäbchen oder mit einem Kuchendekorationsspachtel Muster ziehen. Sie können die Farbe auch nur auf einer Hälfte des Blattes auftragen, das Blatt falten, gut zusammendrücken und wieder auseinanderfalten. Auf diese Weise können Sie sehr effektvolle Schmetterlinge kreieren. Lassen Sie Ihrer Phantasie freien Lauf.

Die Farbe muss auf dem Trägerblatt gut durchtrocknen. Dies dauert ungefähr einen Tag. Die bemalten Teile des Blattes müssen nun mit der Filmlösung (Chroma Nr. 1610) überzogen werden. Am besten tragen Sie die Filmlösung mit einem Kunststoffroller auf. Achten Sie darauf, die Filmlösung gleichmässig dünn aufzutragen. Auch die Filmlösung muss vollständig trocknen. Dies dauert wieder ungefähr einen Tag.

Jetzt haben Sie Ihr eigens hergestelltes Abziehbild. Abgesehen davon, dass Sie das Werk jetzt als Ganzes verwenden können, ist das Abziehbild auch in einzelne Stücke geschnitten nutzbar. Machen Sie beispielsweise einmal einen Scherenschnitt aus dem Abziehbild.

Nun muss das Abziehbild auf das Glas übertragen werden. Bereiten Sie ein lauwarmes Wasserbad in der Grösse des zu übertragenden Papieres vor, tauchen Sie das Abziehbild in das Wasser, und halten Sie es mit den Händen darin flach, damit es sich nicht aufrollt. Nach kurzer Zeit löst sich die Filmlösung mit der Farbe vom Papier. Diesen Film plazieren Sie auf dem Glasstück und tupfen ihn mit einem weichen Tuch flach. Achten Sie darauf, dass keine Blasen unter dem Film bleiben. Sollte dies trotzdem der Fall sein, stechen Sie sie mit einer Nadel auf und drücken das Wasser heraus. Blasen würden nach dem Brand unschöne Fehler ergeben, die sich schlecht kaschieren lassen. Wenn der Film korrekt aufgetragen ist, kann normal bei 560 °C gebrannt werden.

GLASMALEREI

Abbildung 88
Auftrag der Farbe auf das Trägerpapier

GLASMALEREI

Abbildung 89
Aufrollen der Filmlösung über den trockenen Farbauftrag

Abbildung 91
Ablösen des Filmes vom Papier

Abbildung 90
Einweichen des Abziehbildes

Abbildung 92
Flachtupfen des Abziehbildes auf dem Glasstück

Abbildung 93
Verschieden hergestellte Abziehbilder, gebrannt

GLASMALEREI

Abbildung 94
Auftrag der trockenen Farbe mit einem grossen Pinsel

TROCKENAUFTRAG

Der Trockenauftrag bedeutet, dass die Farbe nicht mit Flüssigkeit vermischt und angerieben wird, sondern dass man sie direkt in Pulverform – eben trocken – verarbeitet. Für den Trockenauftrag benötigen Sie den Kleber für Kristalleis, Farben und einen sehr dicken, weichen Pinsel. Ein breiter, abgerundeter Kosmetik-Pinsel eignet sich bestens dazu.

Tragen Sie den Kleber für Kristalleis an der gewünschten Stelle sehr dünn mit dem Pinsel auf, oder stupfen Sie ihn. Nun leeren Sie die Farbe auf eine Kachel und nehmen die Farbe mit dem Kosmetik-Pinsel auf. Sie können die Farbe auch direkt dem Farbbehälter entnehmen. Ganz sanft tupfen Sie nun mit dem Pinsel auf die mit Kleber bestrichene Fläche. Achten Sie darauf, Ihren Pinsel nicht mit Kleber zu verunreinigen, da sonst eine schöne Farbaufnahme nicht mehr möglich ist.

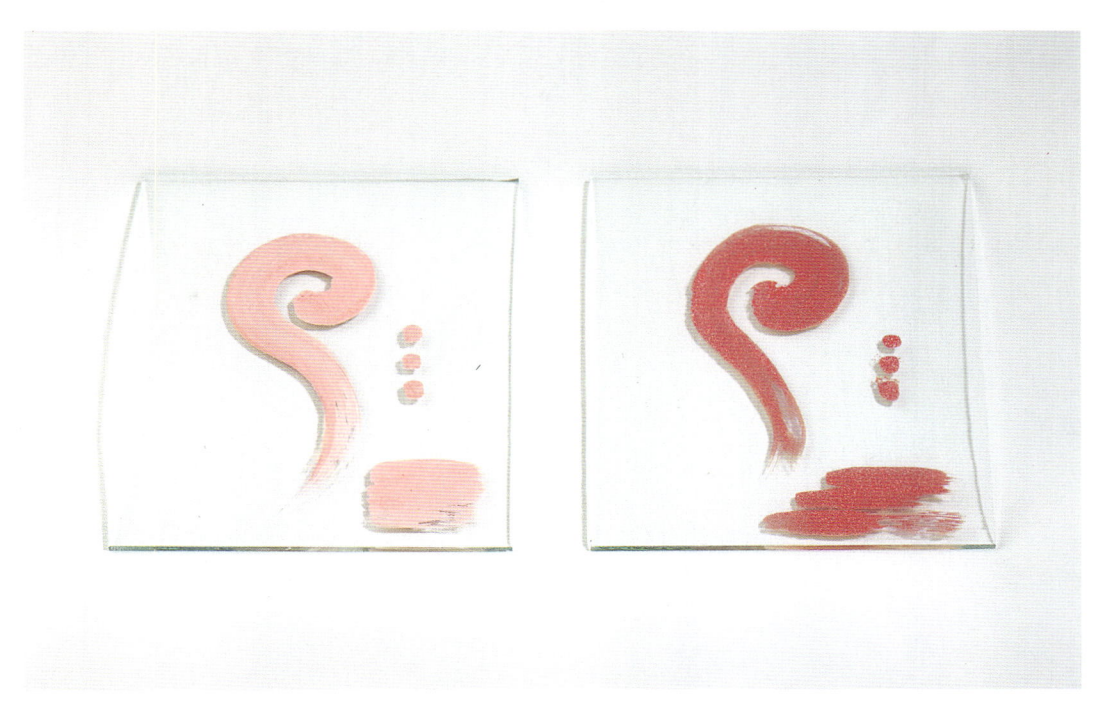

Abbildung 95
Ungebrannter und gebrannter Trockenauftrag

Glasmalerei-Projekte

PROJEKT 1 – DEKORKUGELN

Diese Dekorkugeln müssen nach den Festtagen nicht unbedingt in der Schublade verschwinden, sondern können uns das ganze Jahr erfreuen und ein Fenster oder eine dunkle Ecke verschönern.

MATERIAL	FARB-NR.
Gläserne Dekorkugeln	
Seidenmatt	Chroma Nr. 1521
Interferenz-Violettrot	Chroma Nr. 1453
Interferenz-Stahlblau	Chroma Nr. 1454
Glanzgold	Chroma Nr. GG100/12
Lüster Gelb	Chroma Nr. LU165
Lüster Karmin	Chroma Nr. LU168
Lüster Blau	Chroma Nr. LU200
Filmlösung	Chroma Nr. 1610
Universalmedium	Chroma Nr. 1600
Verdünner für Universalmedium	Chroma Nr. 1604

Tragen Sie die Filmlösung als kleine Muster dick auf die Kugeln auf. Lassen Sie diese Muster gut trocknen, und stupfen Sie dann je eine Kugel mit Seidenmatt, Interferenz-Violettrot und Interferenz-Stahlblau. Lassen Sie die Farbe gut trocknen, entfernen Sie den Lack mit einem spitzen Gegenstand (Cutter), und brennen Sie die Kugeln mit 50 % Seiten- und 50 % Oberhitze bei 560 °C.

Nun wird die Dekoration in einem zweiten Arbeitsgang verfeinert. Vergolden Sie die Kugeln. Setzen Sie mit einem Pinsel Akzente Ton in Ton mit Lüster Gelb, Karmin und Blau. Schliesslich signieren Sie die Kugeln und brennen sie wieder mit 50 % Seiten- und 50 % Oberhitze auf 560 °C. Die Kugeln müssen nicht entspannt werden.

Abbildung 96
Dekorkugel

GLASMALEREI

93

Abbildung 97
Dekorkugel

GLASMALEREI

94

Abbildung 98
Grundierung mit Interferenz-Violettrot

Abbildung 99
Grundierung mit Seidenmatt

Abbildung 100
Grundierung mit Interferenz-Stahlblau

PROJEKT 2 – KERZENTELLER

Dieses Objekt wurde mit einem gekauften schwarzen Glasteller realisiert. Der metallische Schimmer auf der schwarzen Oberfläche verleiht dem Teller ein mystisches Aussehen. Je nach Wahl der Motive kann auf relativ schnelle und unkomplizierte Weise ein sehr persönliches Geschenk entstehen.

Der Rand des schwarzen Kerzentellers wird mit einer aufwendigen Folienarbeit abgedeckt und sehr dünn mit Interferenz-Stahlblau und -Violettrot fein gestupft. Ziehen Sie die Folie erst ab, wenn die Farbe gut angetrocknet ist, und brennen Sie den Teller mit Oberhitze bei 560 °C. Signieren Sie den Teller auf der Rückseite.

Abbildung 101
Kerzenteller

MATERIAL	FARB-NR.
Glasteller (schwarz)	
Interferenz-Violettrot	Chroma Nr. 1453
Interferenz-Stahlblau	Chroma Nr. 1454
Universalmedium	Chroma Nr. 1600
Verdünner für Universalmedium	Chroma Nr. 1604
Feiner Schwamm	
Abdeckfolie	

GLASMALEREI

PROJEKT 3 – BLAUE SEIFENSCHALE

Diese Seifenschale haben wir im ersten Teil mit der Fusing-Technik hergestellt. Auch ohne zusätzliches Dekor wirkt das blaue Glas bereits sehr dekorativ, aber mit dem aufwendigen Platindekor gibt die Seifenschale Ihrem Gästebadezimmer eine ganz besondere Note.

Die Herstellung der Schale wird auf Seite 37 beschrieben. Nun versehen wir sie mit einem aufwendigen Platindekor. Diese Dekorarbeiten werden mit dem Pinsel und der Feder ausgeführt. Weil Platin nur schwierig zu korrigieren ist, überlegen Sie vor Beginn genau, welche Muster Sie anbringen möchten. Kontrollieren und signieren Sie das Stück, dann brennen Sie es bei einer Temperatur von 560°C mit Oberhitze.

MATERIAL	FARB-NR.
Blaue Seifenschale	
Glanzplatin	Chroma Nr. GP105

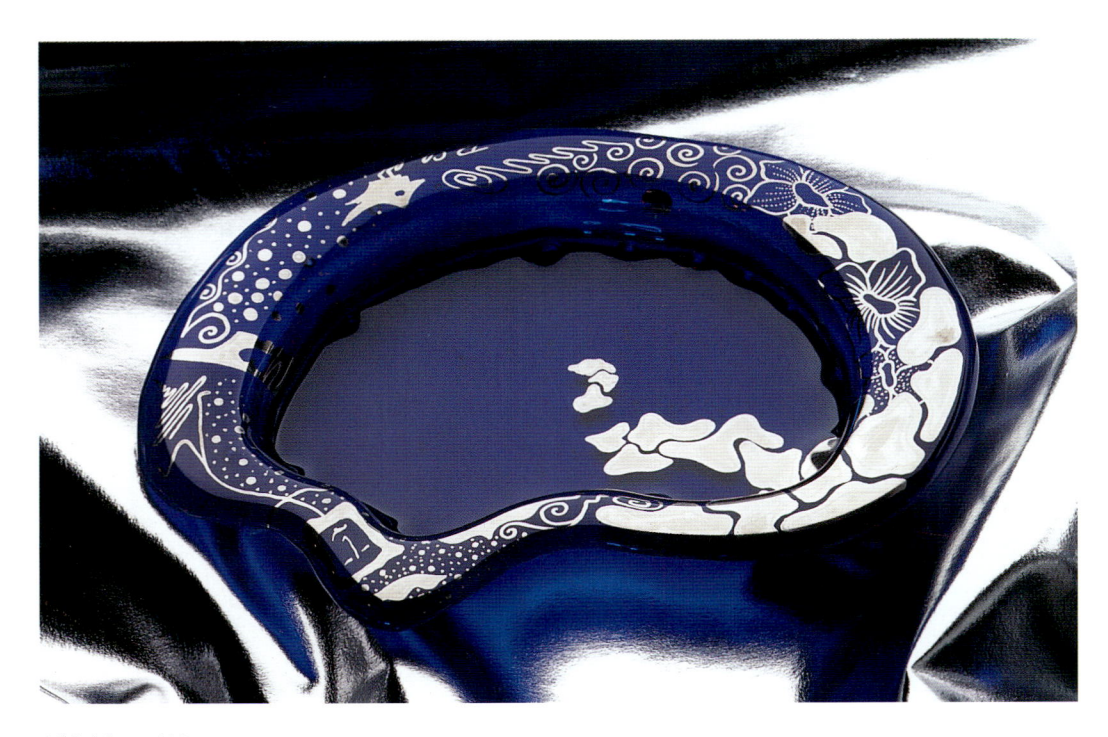

Abbildung 102
Blaue Seifenschale mit Platindekor

GLASMALEREI

PROJEKT 4 – WINDLICHT

Abbildung 103
Windlicht

GLASMALEREI

Für dieses Windlicht habe ich ein einfaches Whiskyglas gewählt. Wenn Kerzenlicht durch das Kristalleis schimmert, verbreitet es ein wunderbares Licht. Ich wurde von einem Stein inspiriert, über den das Wasser plätscherte, und habe deswegen diese Farben in Kombination mit Kristalleis gewählt.

MATERIAL	FARB-NR.
Whiskyglas	
Schwarz, opak	Chroma Nr. 2131
Interferenz-Stahlblau	Chroma Nr. 1454
Dunkelrot, opak	Chroma Nr. 2145
Glanzplatin	Chroma Nr. GP105
Kristalleis, grob	Chroma Nr. 1525
Kleber für Kristalleis	Chroma Nr. 1612

Tragen Sie den Kleber für Kristalleis in verschiedenen Motiven auf das Whiskyglas auf. Bestreuen Sie es mit grobem Kristalleis. Wenn der Leim trocken ist, kontrollieren Sie das Glas auf unerwünschten Kristalleis-Auftrag und brennen es bei 560°C mit Seitenhitze.

Streichen Sie das Glas überall dünn mit Kristalleiskleber ein, nur dort nicht, wo bereits Kristalleis aufgetragen ist, und tragen Sie Schwarz, Interferenz-Stahlblau und Dunkelrot trocken auf (siehe Seite 91). Der zweite Brand erfolgt bei 560°C ebenfalls mit Seitenhitze.

An einigen Stellen habe ich nun Platin aufgetragen und mit Rot Akzente gesetzt. Auch beim letzten Brand beträgt die Temperatur 560°C mit Seitenhitze. Vergessen Sie Ihre Unterschrift nicht. Entspannen Sie das Glas bei jedem Brand bei 520°C während 15 Minuten wegen des dicken Bodens.

Abbildung 104
Kristalleis-Auftrag

Abbildung 105
Gebrannter Trockenauftrag

GLASMALEREI

PROJEKT 5 – HÄNGELAMPE

Abbildung 106
Hängelampe

GLASMALEREI

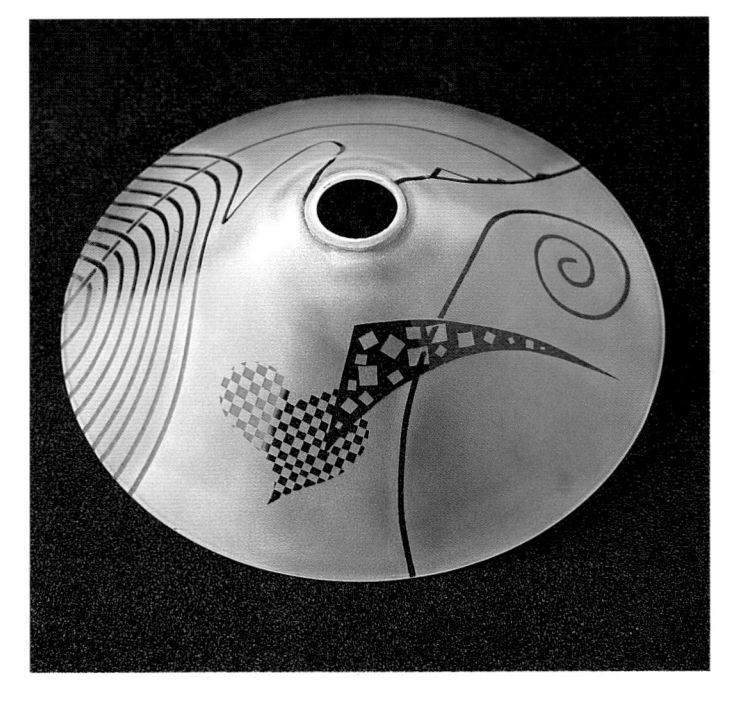

Abbildung 107
Seidenmatt-Auftrag

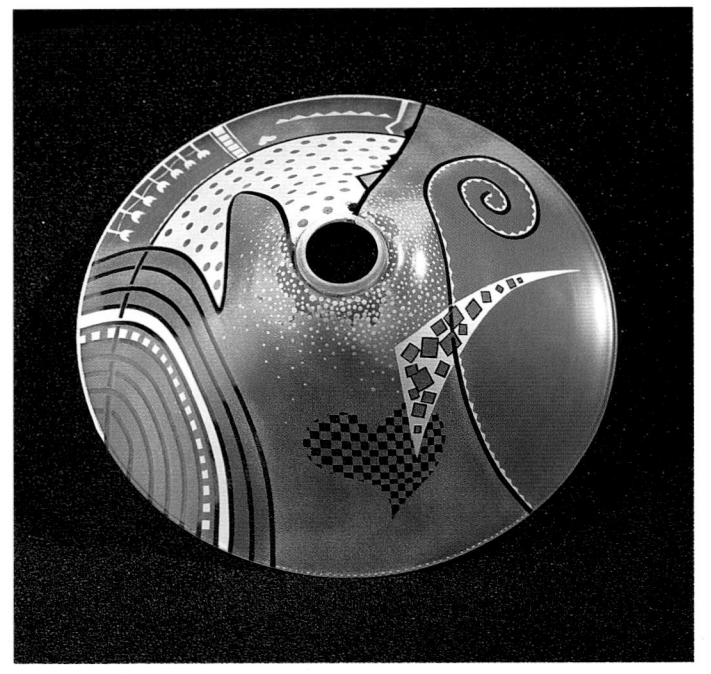

Abbildung 108
Metallic-Silber-Auftrag

Bei diesem Projekt war mein Ziel, einen schönen, neutralen Lampenschirm zu schaffen, der sich an verschiedene Umgebungen anpassen sollte. Unauffällig auffällig verbreitet diese Lampe mit ihren verschiedenen weissen Aufträgen ein wunderbares, weiches Licht.

Der Lampenschirm wird sorgfältig mit Folie abgedeckt und sehr gleichmässig und dünn mit Seidenmatt gestupft. Der erste Brand erfolgt bei einer Temperatur von 560°C mit Oberhitze.

Der Lampenschirm wird wieder mit Folie abgedeckt, damit der Metallic-Silber-Auftrag gestupft werden kann. Den zweiten Brand führen wir bei 560°C mit Oberhitze durch.

Mit Relief-Weiss und Gold werden weitere Elemente aufgetragen und Akzente gesetzt. Unterschreiben Sie das Stück, und brennen Sie es ein letztes Mal bei 560°C mit Oberhitze.

MATERIAL	FARB-NR.
Gläserner Lampenschirm	
Seidenmatt	Chroma Nr. 1521
Relief-Weiss	Chroma Nr. 1522
Metallic-Silber	Chroma Nr. 1460
Glanzgold	Chroma Nr. GG100/12
Universalmedium	Chroma Nr. 1600
Verdünner für Universalmedium	Chroma Nr. 1604
Feiner Schwamm	
Abdeckfolie	

PROJEKT 6 – PLATZTELLER

Abbildung 109
Platzteller

GLASMALEREI

Die Eisblume mit ihrer schlichten Erscheinung fand ich sehr passend zu der einfachen Form des Platztellers, den wir im ersten Teil mit der Fusing-Technik hergestellt haben (Seite 32). Der Kontrast von den geometrischen zu den weichen Formen auf dem Teller geben ihm eine besondere Note.

Machen Sie eine Zeichnung vom gewünschten Dekor des Platztellers. Kleben Sie diese auf die Unterseite des Teller. Die ganze Oberseite des Tellers wird mit Abdeckfolie abgedeckt. Pausen Sie die Zeichnung auf die Folie. Die Papierzeichnung kann nun entfernt werden. Sorgfältig werden alle Muster mit einem Cutter ausgeschnitten. Dies machen Sie am besten auf einer hellen Unterlage, damit Sie die Bleistiftlinie gut erkennen können. Entfernen Sie die Folienteile auf den Flächen, die gestupft werden müssen. Sehr sorgfältig und fein wird der Platzteller mit Seidenmatt gestupft. Wenn die Farbe vollständig getrocknet ist, tragen Sie das Gold auf dem Bambus auf. Entfernen Sie den Rest der Folie, und brennen Sie den Teller mit Oberhitze bei 560 °C.

Mit dem Pinsel und dunkelroter Farbe wird nun die Blume gemalt. Ein dünner Farbauftrag (mit Verdünner für Universalmedium verdünnt) ergibt die Grundierung. Mit normalem Farbauftrag schattieren Sie die Blume. Die Konturen der einzelnen Blütenblätter ziehen Sie mit einem sauberen Pinsel. Auf die gleiche Weise werden das Blatt und der Stiel grundiert und schattiert. Dazu verwenden Sie Grün und Schwarz. Mit schwarzer Farbe, angemischt mit Konturenmedium, werden die Bambusstengel mit der Feder konturiert. Der zweite Brand erfolgt bei 560 °C mit Oberhitze.

Der Bambus wird mit Schwarz schattiert. Mit Dunkelrot intensivieren Sie die Schattierung der Blume, mit Schwarz die der Blätter und des Stieles. Mit dem Whipe-out-stick setzen Sie einige Punkte mit Dunkelrot auf die Blume. Signieren Sie das Stück. Auch für den letzten Brand stellen wir eine Temperatur von 560 °C mit Oberhitze ein. Entspannen Sie den Platzteller bei jedem Brand bei 520 °C während 15 Minuten.

MATERIAL	FARB-NR.
Platzteller von S. 32	
Seidenmatt	Chroma Nr. 1521
Dunkelrot, opak	Chroma Nr. 2145
Grün, transparent	Chroma Nr. 2171
Schwarz, opak	Chroma Nr. 2131
Glanzgold	Chroma Nr. GG100/12
Universalmedium	Chroma Nr. 1600
Verdünner für Universalmedium	Chroma Nr. 1604
Konturenmedium	Chroma Nr. 1602
Abdeckfolie	
Feiner Schwamm	

GLASMALEREI

Abbildung 110
Mit Seidenmatt und Gold grundierter Platzteller

Abbildung 111
Bemalter Platzteller nach dem zweiten Brand

103

GLASMALEREI

PROJEKT 7 – FLACHE WANDLAMPE

Diese Wandlampe haben wir ebenfalls im ersten Teil mit der Fusing-Technik hergestellt. Man kann sie bereits ohne Glasmalerei als Lampe verwenden, denn sie hat alleine durch die spezielle Form eine gute Wirkung. Das Licht, das durch sie scheint, wird jedoch viel interessanter, wenn wir ihre Oberfläche noch dekorieren. Zudem hebt sie sich mir der Dekoration auch besser von einer Wand ab, wenn sie nicht angezündet ist.

Mit breiten Folienstreifen wird der Bogen und der Balken abgedeckt und geschnitten, wie auf der Abbildung gezeigt ist. Die Baumkronen werden kreisförmig mit einem dicken Pinsel aufgetragen und schattiert. Am besten realisieren Sie dies, indem Sie gleichzeitig mit zwei Farben arbeiten, das heisst die eine Farbe auf die eine Seite und die andere Farbe auf die andere Seite des Pinsels nehmen. Idealerweise ist dieser Farbauftrag mit Hilfe einer von Hand betriebenen Drehscheibe auszuführen. Nun stupfen Sie den Bogen und den Balken mit schwarzer Farbe und nehmen den ersten Brand bei 560°C mit Oberhitze vor.

MATERIAL	FARB-NR.
Wandlampe von Seite 34	
Metallic-Silber	Chroma Nr. 1460
Seidenmatt	Chroma Nr. 1521
Schwarz, opak	Chroma Nr. 2131
Dunkelrot, opak	Chroma Nr. 2145
Dunkelblau, opak	Chroma Nr. 2126
Schwarzblau, opak	Chroma Nr. 2127
Dunkelblau, transparent	Chroma Nr. 2177
Petrol, transparent	Chroma Nr. 2174
Rubin, transparent	Chroma Nr. 2189
Topas, transparent	Chroma Nr. 2186
Glanzplatin	Chroma Nr. GP105
Universalmedium	Chroma Nr. 1600
Verdünner für Universalmedium	Chroma Nr. 1604
Konturenmedium	Chroma Nr. 1602
Abdeckfolie	

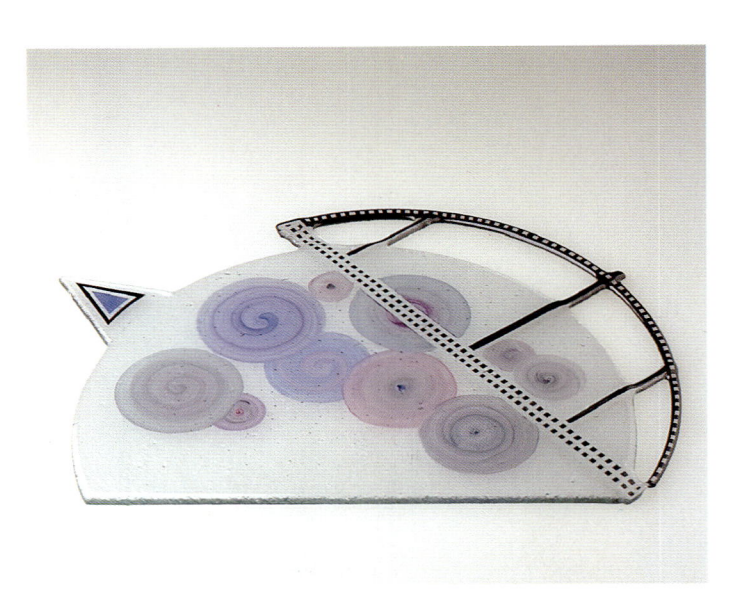

Abbildung 112
Grundierte Wandlampe

GLASMALEREI

105

Abbildung 113
Wandlampe

Für den zweiten Arbeitsgang decken Sie die ganze Lampe mit Folie ab und zeichnen die Konturen des Hintergrundes mit einem wasserfesten Filzstift. Mit dem Cutter schneiden Sie den Hintergrund sorgfältig aus. Entfernen Sie die Folie von den Teilen, die gestupft werden sollen. Führen Sie den Hintergrund mit Metallic-Silber aus. Wenn die Farbe vollständig trocken ist, ziehen Sie die Stämme der Bäume mit der Feder und schwarzer Farbe aus. Versehen Sie jeden Stamm mit einem Muster. Entfernen Sie alle Folien, und kontrollieren Sie die Lampe auf Unreinheiten. Brennen Sie das Stück das zweite Mal bei 560 °C mit Oberhitze.

Mit der jeweils dunkelsten Farbe, die Sie für die Grundierung der Baumkronen verwendet haben, schattieren Sie die Spirale bzw. die Baumkrone. Den Bogen und den Balken veredeln Sie mit Platin, dann signieren Sie Ihr Stück. Wenn die Farbe und das Platin völlig trocken sind, stupfen Sie die ganze Lampe von hinten ganz fein mit Seidenmatt. Legen Sie Ihre Lampe nicht direkt auf die gestupfte Rückseite in den Ofen. Stützen Sie sie auf winzige Cerapaper-Stücke. Plazieren Sie die Cerapaper-Stücke jeweils unter einem nicht transparent gemalten Teil, da das Cerapaper leichte Spuren hinterlässt. Der letzte Brand erfolgt bei einer Temperatur von 560 °C mit Oberhitze. Entspannen Sie die Lampe bei 520 °C während 15 Minuten.

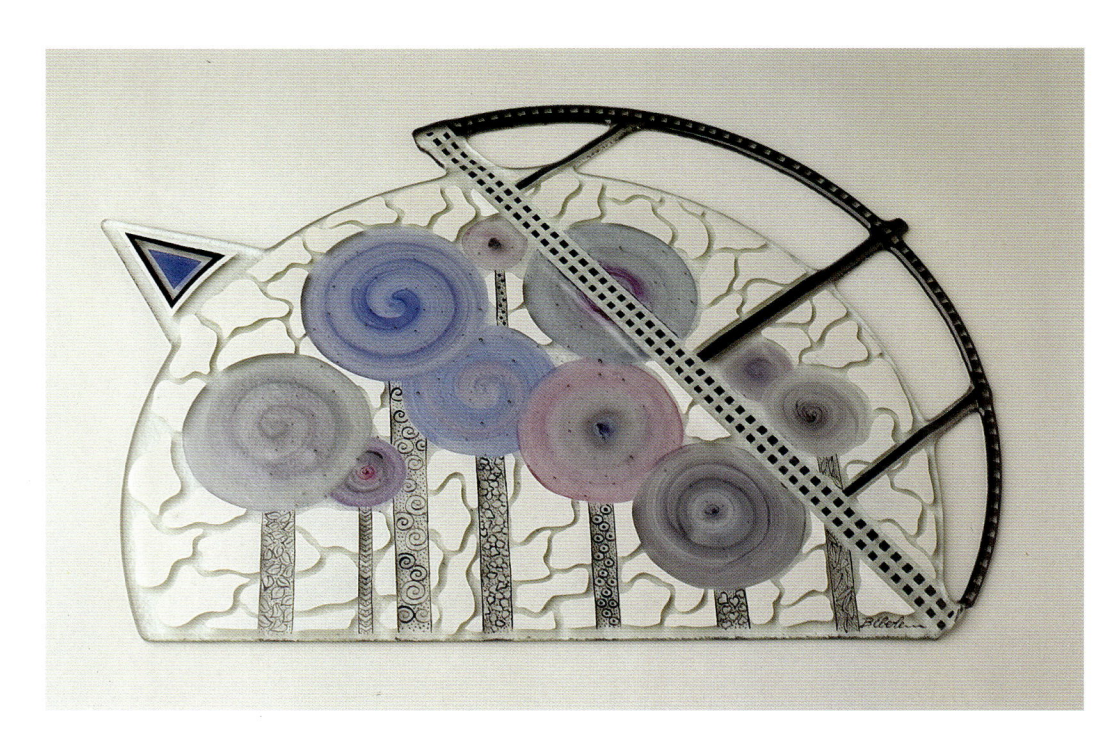

Abbildung 114
Wandlampe mit Hintergrund und ausgezogenen Stämmen

PROJEKT 8 – VASE

Diese Vase mit ihrer eigenwilligen Form verlangt nach einem ausgefallenen Dekor. Ich habe mich für ein geometrisches Muster mit verspieltem Hintergrund entschieden. Sie sieht sehr schön aus mit einer weissen Blume und einem Blatt, wirkt aber auch ohne Inhalt sehr dekorativ.

Schneiden Sie aus Abdeckfolie Quadrate von 2,5 x 2,5 cm aus, und verteilen Sie diese regelmässig auf der Vase. Nun werden mit dem Cutter Muster aus den Quadraten ausgeschnitten. Achten Sie darauf, dass Sie diesen Arbeitsgang sehr exakt ausführen. Den Hintergrund bedecken Sie nun mit kleinen Quadraten aus Abdeckfolie von 0,5 x 0,5 cm. Kontrollieren Sie die Arbeit genau, damit wirklich alle gewünschten Motive entfernt werden. Allfällige Fingerabdrücke reinigen Sie mit Hilfe eines weichen Lappens und mit Brennsprit. Nun stupfen Sie die ganze Vase mit Seidenmatt. Lassen Sie das Stück trocknen. Entfernen Sie die gesamte Folie, und kontrollieren Sie die Vase auf Unreinheiten oder Fehler. Diese können Sie allenfalls mit dem Cutter wegkratzen. Den Farbstaub entfernen Sie mit einem grossen, weichen Pinsel (zum Beispiel einem Kosmetik-Pinsel).

MATERIAL	FARB-NR.
Gläserne Vase	
Seidenmatt	Chroma Nr. 1521
Gelb, transparent	Chroma Nr. 2182
Grün, transparent	Chroma Nr. 2170
Blau, transparent	Chroma Nr. 2176
Purpur, transparent	Chroma Nr. 2187
Rubinrot, transparent	Chroma Nr. 2188
Universalmedium	Chroma Nr. 1600
Verdünner für Universalmedium	Chroma Nr. 1604
Abdeckfolie	

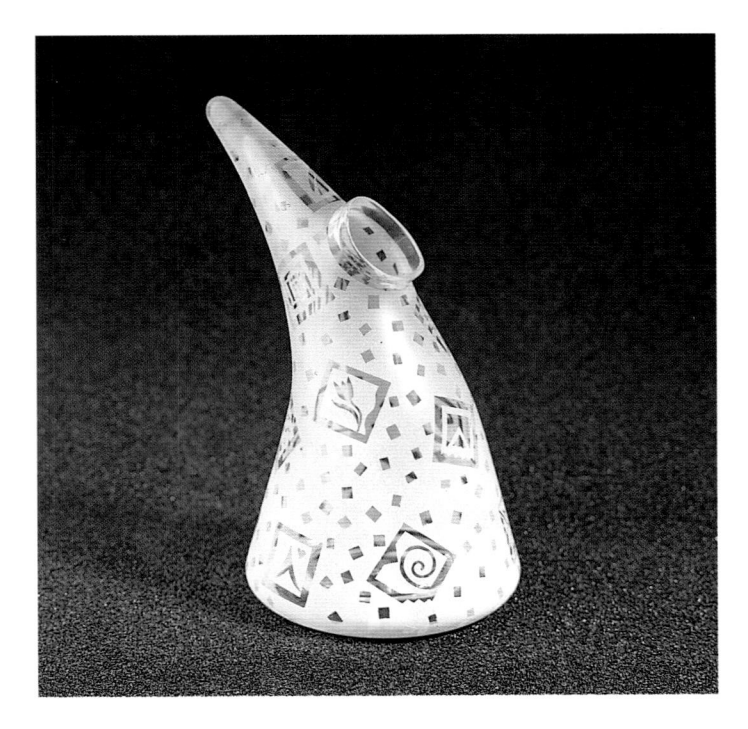

Abbildung 115
Mit Seidenmatt grundierte Vase

GLASMALEREI

108

Abbildung 116
Vase

GLASMALEREI

Brennen Sie die Vase folgendermassen: Heizen Sie in 150 Minuten auf 560°C mit Seitenhitze, und halten Sie die Temperatur während 10 Minuten auf dieser Temperatur. Lassen Sie den Ofen auf 520°C abkühlen, und entspannen Sie das Glas während 20 Minuten. Die Abkühlung auf Raumtemperatur erfolgt bei geschlossenem Deckel.

Decken Sie mit Folienstreifen die Ränder der Quadrate ab, um den seidenmatten Hintergrund zu schützen. Nun stupfen Sie die Quadrate abwechslungsweise mit den aufgelisteten transparenten Farben. Lassen Sie die Farben gut trocknen, bevor Sie die Folie wieder entfernen. Sie können das Stück auch während 15 Minuten bei 60°C in den Ofen stellen. Nun kontrollieren Sie die Vase wieder auf Unreinheiten und Fehler. Der zweite Brand erfolgt wiederum bei 560°C, aber dieses Mal wird die Temperatur nicht gehalten.

Arbeiten Sie nun am Hintergrund. Die Quadrate werden mit der Feder und Gold (siehe Seite 75) ausgefüllt. Den restlichen Hintergrund bedecken Sie mit Relief-Weiss-Punkten (Anwendung wie auf Seite 76 beschrieben). Die Oberkante der Öffnung wird mit einem kleinen Gold-Dekor versehen. Nun fehlt nur noch Ihre Unterschrift. Der dritte Brand erfolgt auch bei 560°C, ohne dass die Temperatur gehalten wird.

Entspannen Sie die Vase bei jedem Brand bei 520°C während 15 Minuten.

Abbildung 117
Quadrate bunt gestupft

Abbildung 118
Detailaufnahme

GLASMALEREI

PROJEKT 9 – CHAMPAGNER-GLÄSER

MATERIAL	FARB-NR.
Champagner-Gläser	
Schwarz, opak	Chroma Nr. 2131
Gelb, transparent	Chroma Nr. 2182
Purpur, transparent	Chroma Nr. 2187
Konturenmedium	Chroma Nr. 1602

Auf einen besonderen Anlass mit selbstdekorierten Champagner-Gläsern anzustossen, ist schon sehr aussergewöhnlich. Zudem entwickeln sich originelle Champagner-Gläser auch langsam zu begehrten Sammlerstücken. Das Schönste dabei ist, wenn einige der gesammelten Objekte aus der eigenen Werkstatt kommen.

Ziehen Sie mit dem Bleistift eine Linie, um die Abgrenzung für die Federzeichnung festzulegen. Skizzieren Sie wieder mit dem Bleistift das gewünschte Muster auf die zu dekorierende Fläche. Sie können Ihre Skizze auch auf Papier zeichnen und sie dann in das Glas stecken. Arbeiten Sie die Muster mit Schwarz aus, wie es im Abschnitt über Federarbeit auf Seite 72 beschrieben ist. Routinierte Malerinnen und Maler können diesen Arbeitsgang auch gleich freihändig direkt mit der Feder erledigen. Brennen Sie die Gläser bei 560°C mit Seitenhitze.

Die dekorierten Muster schützen Sie mit Folie. Den Rest des Glases stupfen Sie mit Gelb bzw. Purpur. Nun erfolgt der zweite Brand bei 560°C, ebenfalls mit Seitenhitze.

Malen Sie die Motive schattiert aus. Auch für den dritten Brand heizen Sie auf 560°C mit Seitenhitze auf.

Auf dem Rand sowie auf dem dekorierten Teil der Gläser werden mit Gold oder Platin Akzente gesetzt. Nachdem Sie die Gläser signiert haben, brennen Sie sie ein viertes und letztes Mal bei 560°C mit Seitenhitze.

GLASMALEREI

111

Abbildung 119
Champagner-Gläser

GLASMALEREI

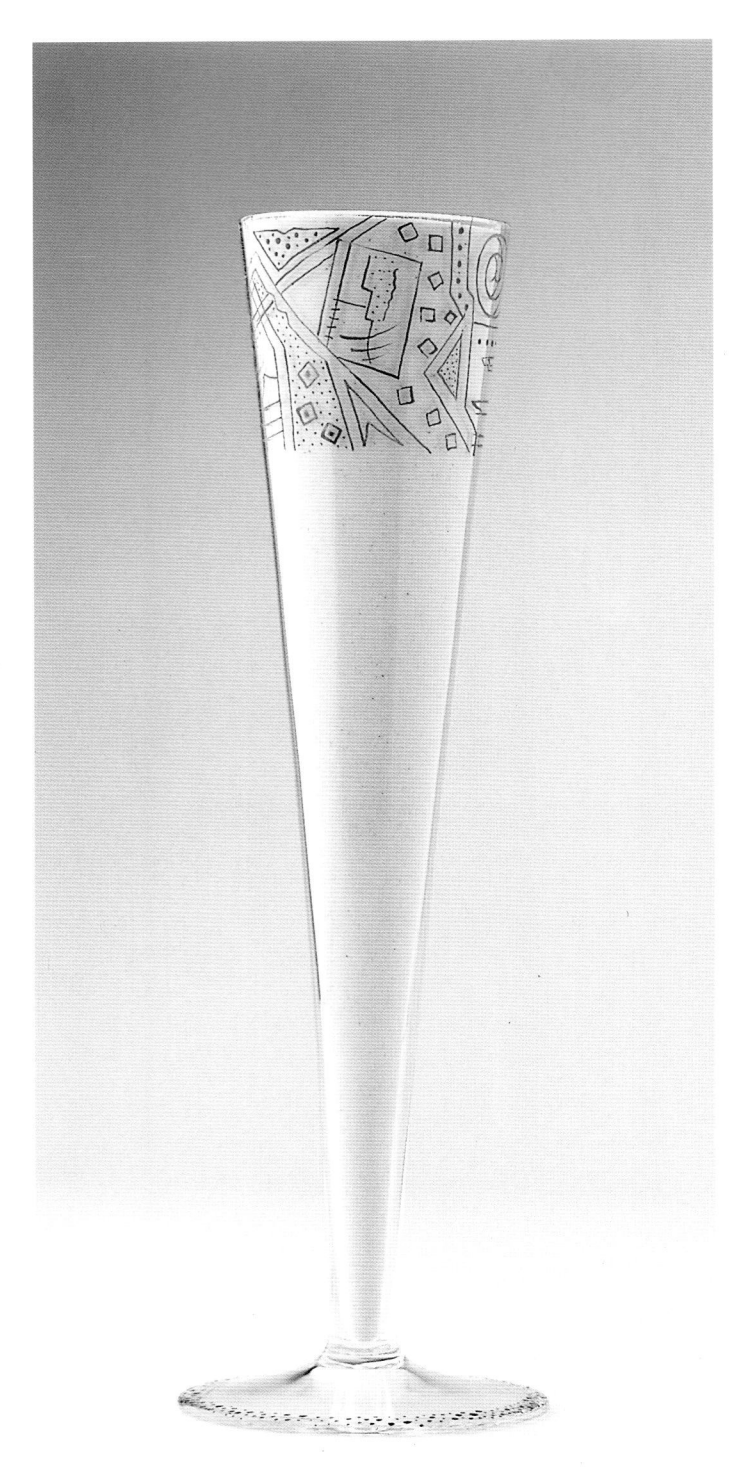

112

Abbildungen 120 und 121
Mit der Feder vorgezeichnete Muster

GLASMALEREI

113

Abbildungen 122 und 123
Gestupfte Gläser

GLASMALEREI

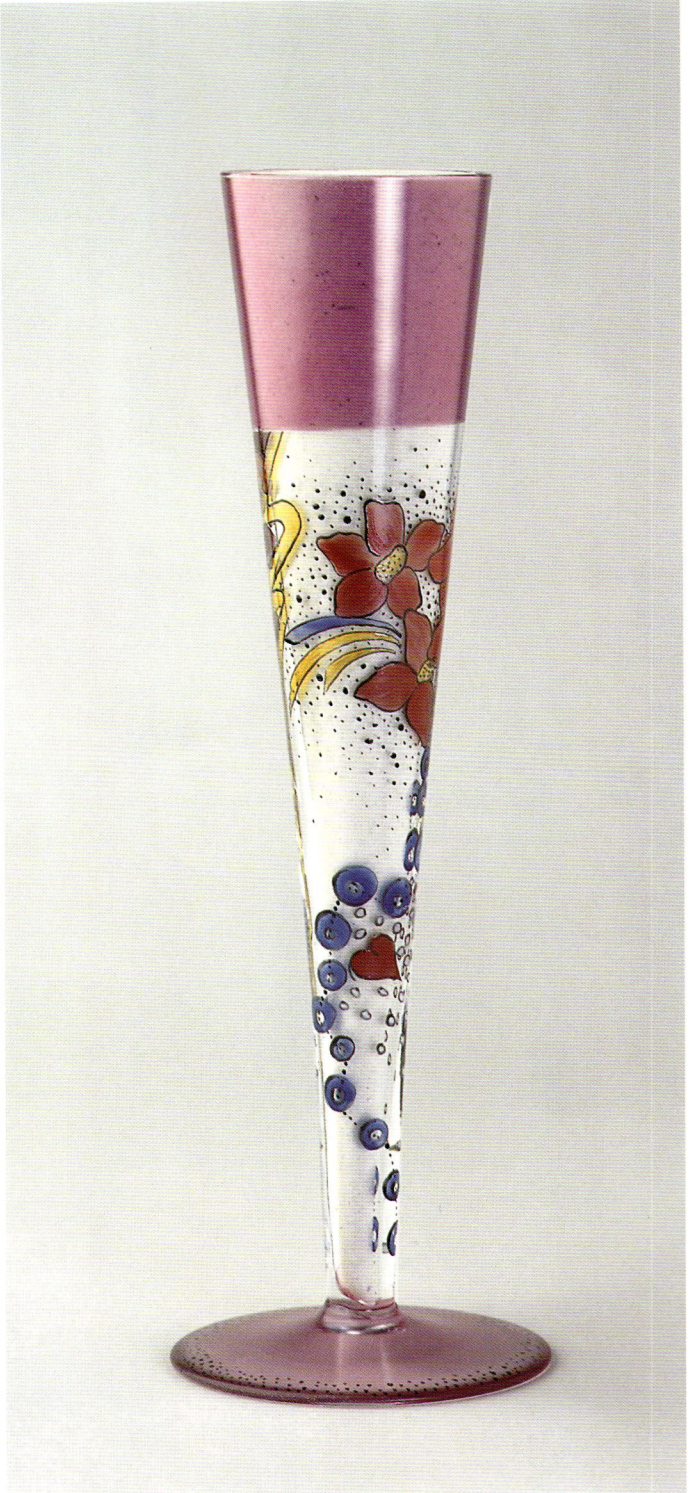

114

Abbildungen 124 und 125
Schattierte Gläser

PROJEKT 10 – SCHLANKE VASE

MATERIAL	FARB-NR.
Gläserne Vase	
Seidenmatt Schwarz, opak Weiss, opak Rot, opak Glanzplatin	Chroma Nr. 1521 Chroma Nr. 2131 Chroma Nr. 2128 Chroma Nr. 2142 Chroma Nr. GP105
Filmlösung	Chroma Nr. 1610
Universalmedium	Chroma Nr. 1600
Verdünner für Universalmedium	Chroma Nr. 1604
Konturenmedium	Chroma Nr. 1602

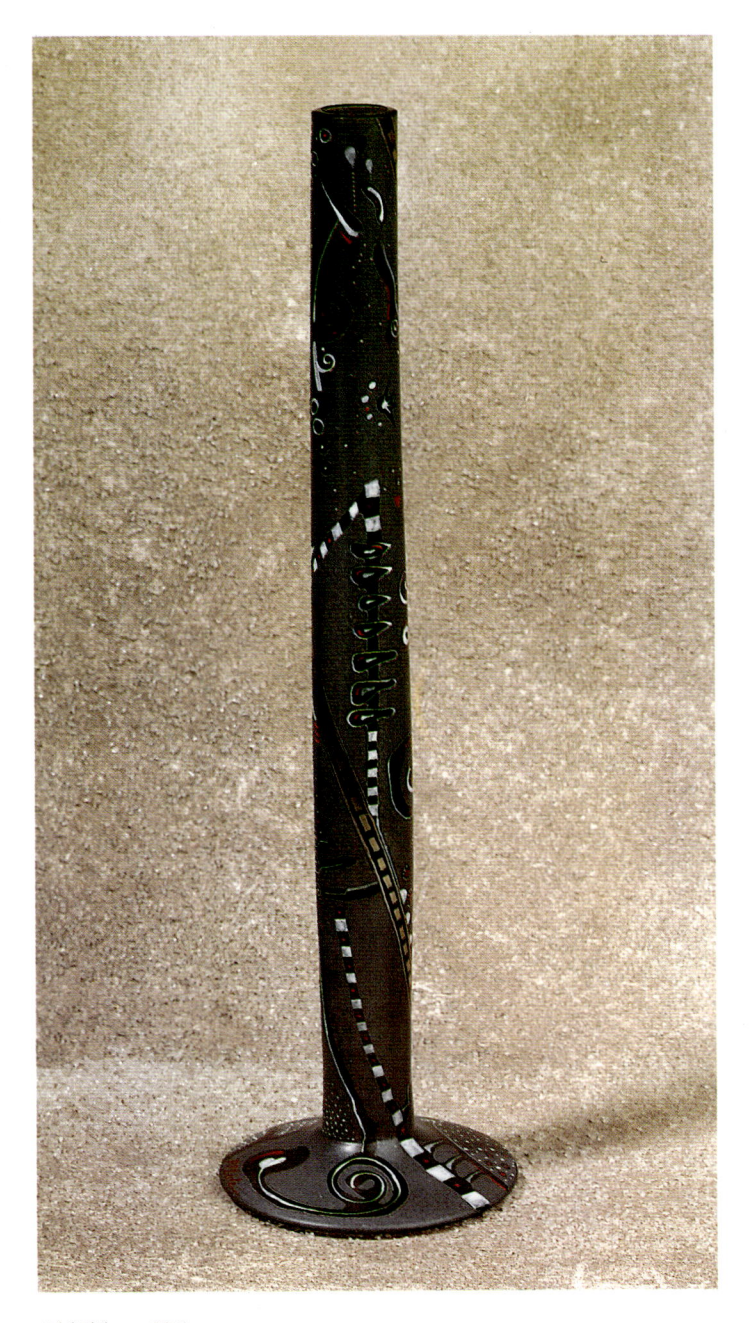

Abbildung 126
Schlanke Vase

GLASMALEREI

116 Die eigenwillige Form der Vase verlangt ein entsprechendes Dekor. In der hier abgebildeten Ausführung habe ich ihr mit dem dunklen Dekor ein Gewicht und eine Festigkeit verliehen, die in interessantem Kontrast zu der schlanken Form steht. Denkbar wäre jedoch auch eine ganz andere Gestaltung.

Stupfen Sie die ganze Vase mit einem Gemisch von einem Teil Schwarz und einem Teil Seidenmatt. Brennen Sie sie bei 560°C mit Seitenhitze. Die Vase erhält so eine matte, anthrazitfarbene Oberfläche. In einem zweiten Arbeitsgang decken Sie eine grosszügige Spirale mit Abdeckfolie ab. Mit der Filmlösung decken Sie freihändig phantasievolle Muster ab. Wenn der Abdecklack trocken ist, stupfen Sie die ganze Vase mit Seidenmatt. Entfernen Sie Folie und Lack, kontrollieren Sie das Stück auf Unreinheiten, und brennen Sie die Vase ein zweites Mal bei 560°C mit Seitenhitze.

Mischen Sie nun das Weiss und Rot mit Konturenmedium, und ziehen Sie Motive mit der Feder in die mit Lack ausgesparten Flächen. Die Spirale dekorieren Sie mit einem feinen Platindekor. Signieren Sie die Vase, und brennen Sie sie ein letztes Mal bei 560°C mit 100% Seitenhitze.

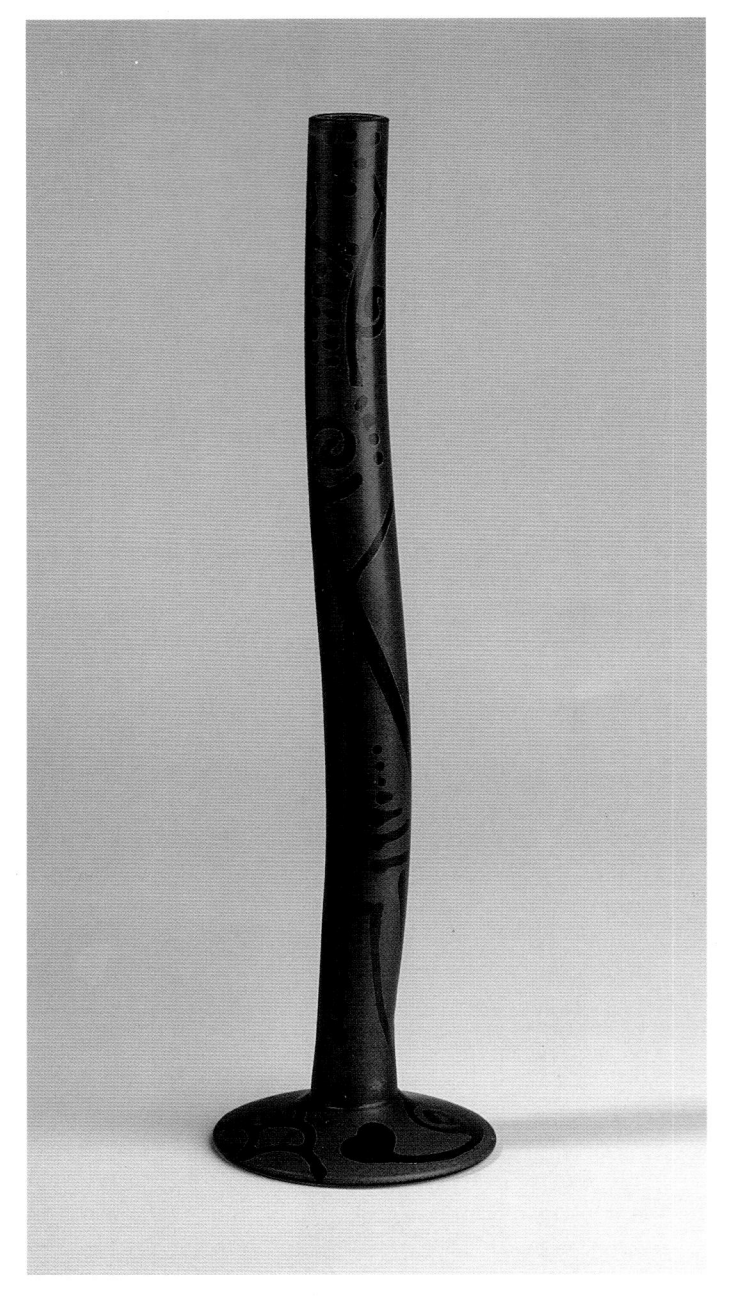

Abbildung 127
Zweiter Brand der Vase

GLASMALEREI

PROJEKT 11 – BLUMENVASE

117

Abbildung 128
Blumenvase

MATERIAL	FARB-NR.
Gläserne Vase	
Seidenmatt	Chroma Nr. 1521
Weiss, opak	Chroma Nr. 2128
Lüster Gelb	Chroma Nr. LU165
Lüster Hellgrün	Chroma Nr. LU516
Lüster Grün	Chroma Nr. LU279
Lüster Karmin	Chroma Nr. LU168
Lüster Blau	Chroma Nr. LU200
Glanzgold	Chroma Nr. GG100/12
Filmlösung	Chroma Nr. 1610
Universalmedium	Chroma Nr. 1600
Verdünner für Universalmedium	Chroma Nr. 1604

Ein Spätsommerabend hat mich zu dem Dekor auf der Blumenvase inspiriert. Die Blätter verfärben sich schon langsam, und der Nebel zieht ins Land.

Decken Sie die oberen 2/3 der Vase mit Abdeckfolie ab, und zeichnen Sie die Blätter mit einem wasserfesten Filzstift vor. Sorgfältig werden die Blätter nun mit dem Cutter ausgeschnitten und abgezogen. Ziehen Sie den Rest der Folie auf dem unteren Teil der Vase auch ab. Reinigen Sie die Vase mit Sprit, und stupfen Sie sie mit Seidenmatt. Im unteren Teil ziehen Sie wilde Muster mit dem Whipe-out-stick. Brennen Sie die Vase bei 560°C mit Seitenhitze.

Entlang der Blätter wird der untere Teil der Vase mit Folie geschützt. Auf die Blätter tragen Sie die Lüster, schön ineinanderlaufend, auf. Achten Sie darauf, einige Blätter genau mit einem bestimmten Lüster auszufüllen. Entfernen Sie die Folie, und machen Sie jetzt einen weiteren Zwischenbrand bei 560°C mit Seitenhitze.

Der untere Teil der Vase wird wieder mit Folie abgedeckt. Schneiden Sie sich die gleichen Blättermotive wie die für den oberen Teil aus. Diese Blätter werden nun mit Seidenmatt und Weiss, im Verhältnis 1:1 gemischt, gestupft. Die bunten Blätter werden mit Gold fein konturiert. Ich habe vereinzelte Zwischenräume auch noch vergoldet. Unterschreiben Sie die Vase, brennen Sie sie ein letztes Mal bei 560°C mit Seitenhitze. Entspannen Sie die Vase bei jedem Brand bei 520°C während 20 Minuten.

Abbildung 129
Mit Seidenmatt grundierte Blumenvase

Abbildung 130
Mit Lüster gemalte Blätter

PROJEKT 12 – KUGELVASE

Die Kugelform der Vase hat mich dazu bewegt, diese auch mit runden Motiven zu dekorieren. Das frische Gelb bringt schon die erste Frühlingsatmosphäre ins Haus.

Stupfen Sie als erstes die Oberfläche der Kugelvase mit Seidenmatt. Brennen Sie die Vase mit 2/3 Seitenhitze und 1/3 Oberhitze bei 560°C.

Ein Lüstertauchbad mit Rubin, Violett und vor allem Gelb wird vorbereitet. Beachten Sie die Angaben zum Vorgehen auf Seite 80. Die Kugelvase wird durch das Bad gezogen. Brennen Sie die Vase bei 560°C mit 2/3 Seitenhitze und 1/3 Oberhitze. Ziehen Sie einige im Tauchbad entstandenen Farbkonturen mit einer feinen Linie aus Kristalleiskleber nach. Malen Sie auch runde Motive damit, und streuen Sie das feine Kristalleis darüber. Wenn der Leim trocken ist, wird die Vase auf unerwünschte Kristalleisaufträge kontrolliert. Nun ziehen Sie mit dem Pinsel und schwarzer Farbe weitere Konturen des Tauchbades nach und fügen, ebenfalls mit Schwarz, grosszügige Motive dazu. Es erfolgt der dritte Brand bei 560°C mit 2/3 Seitenhitze und 1/3 Oberhitze.

Unterstreichen Sie Details mit Relief-Weiss und Gold. Das Kristalleis wird auch mit Gold dekoriert. Mit Gelb geben Sie der Vase nun den letzten Schliff. Unterschreiben Sie Ihre Vase, bevor Sie sie ein letztes Mal bei 560°C mit 2/3 Seitenhitze und 1/3 Oberhitze brennen.

MATERIAL	FARB-NR.
Gläserne Vase	
Lüster Gelb	Chroma Nr. LU165
Lüster Karmin	Chroma Nr. LU168
Lüster Violett	Chroma Nr. LU125 A
Schwarz, opak	Chroma Nr. 2131
Glanzgold	Chroma Nr. GG100/12
Kristalleis, fein	Chroma Nr. 1523
Kleber für Kristalleis	Chroma Nr. 1612
Universalmedium	Chroma Nr. 1600
Verdünner für Universalmedium	Chroma Nr. 1604

Abbildung 131
Dritter Brand der Kugelvase

GLASMALEREI

Abbildung 132
Kugelvase

PROJEKT 13 – GLASTÜTE

Diese Glastüte ist ein ungewöhnliches Objekt. Umso verführerischer ist sie, wenn sie mit Leckereien gefüllt auf dem Tisch steht. Mit ihrer geschwungenen Form und dem kontrastierenden Dekor entpuppt sie sich als ein nicht alltäglicher Blickfang. Mit Bleistift zeichnen Sie ein Band entlang der Aussenseite der Glastüte. Nun füllen Sie dieses Band mit feinen Rosen und Blättern. Für die Rosen nehmen Sie, wie auf Seite 73 beschrieben, auf beide Seiten des Pinsels das Rosa und tauchen die Spitze in das Dunkelrot. Nun ziehen Sie in einer runden Abwärtsbewegung einen Ball. Der Schwerpunkt der Rosenblätter oben wird mit Dunkelrot schattiert, und seitlich werden je zwei Blütenblätter angesetzt. Mit einer sauberen Pinselspitze wird nun ein weiteres Blütenblatt auf der Rose konturiert. Mit den Blättern gehen Sie ähnlich vor. Beidseitig wird der Pinsel mit Gelbgrün und die Spitze mit Dunkelgrün versehen. Mit gegengleichen C-Bewegungen formen Sie das Blatt. Wenn die Farbe trocken ist oder nach einem Brand von 560°C, werden die Rosen und die Blätter ganz fein mit Schwarz konturiert. Der Hintergrund des Bandes wird mit kleinen Relief-Weiss-Punkten versehen. Brennen Sie die Glastüte bei 560°C mit Oberhitze.

Schneiden Sie nun schöne Spiralen aus Abdeckfolie, und tragen Sie diese auf dem noch undekorierten Teil der Glastüte auf. Schützen Sie den Blumenrand mit Folie, dann stupfen Sie das Objekt fein mit Seidenmatt. Entfernen Sie die Folie, und brennen Sie das Stück ein weiteres Mal bei 560°C mit Oberhitze. Für diesen Brand wird die Tüte mit der Öffnung nach unten in den Ofen gestellt.

Wieder schützen Sie das Rosenband mit Abdeckfolie und stupfen die Glastüte mit Lüster Grün, im Verhältnis 1:1 verdünnt mit Lüsterverdünner. Lassen Sie den Lüster gut trocknen, und ziehen Sie dann beidseitig des Rosenbandes ein feines Golddekor. Anschliessend signieren Sie das Stück und brennen es ein letztes Mal bei 560°C mit Oberhitze.

MATERIAL	FARB-NR.
Glastüte	
Seidenmatt	Chroma Nr. 1521
Beigerot, opak	Chroma Nr. 2140
Dunkelrot, opak	Chroma Nr. 2145
Gelbgrün, opak	Chroma Nr. 2103
Dunkelgrün, opak	Chroma Nr. 2110
Schwarz, opak	Chroma Nr. 2131
Relief-Weiss	Chroma Nr. 1522
Lüster Grün	Chroma Nr. LU279
Glanzgold	Chroma Nr. GG100/12
Lüsterverdünner	Chroma Nr. 1605
Universalmedium	Chroma Nr. 1600
Verdünner für Universalmedium	Chroma Nr. 1604
Abdeckfolie	

GLASMALEREI

123

Abbildung 133
Glastüte

GLASMALEREI

124

Abbildung 134
Mit Rosen bemaltes Band

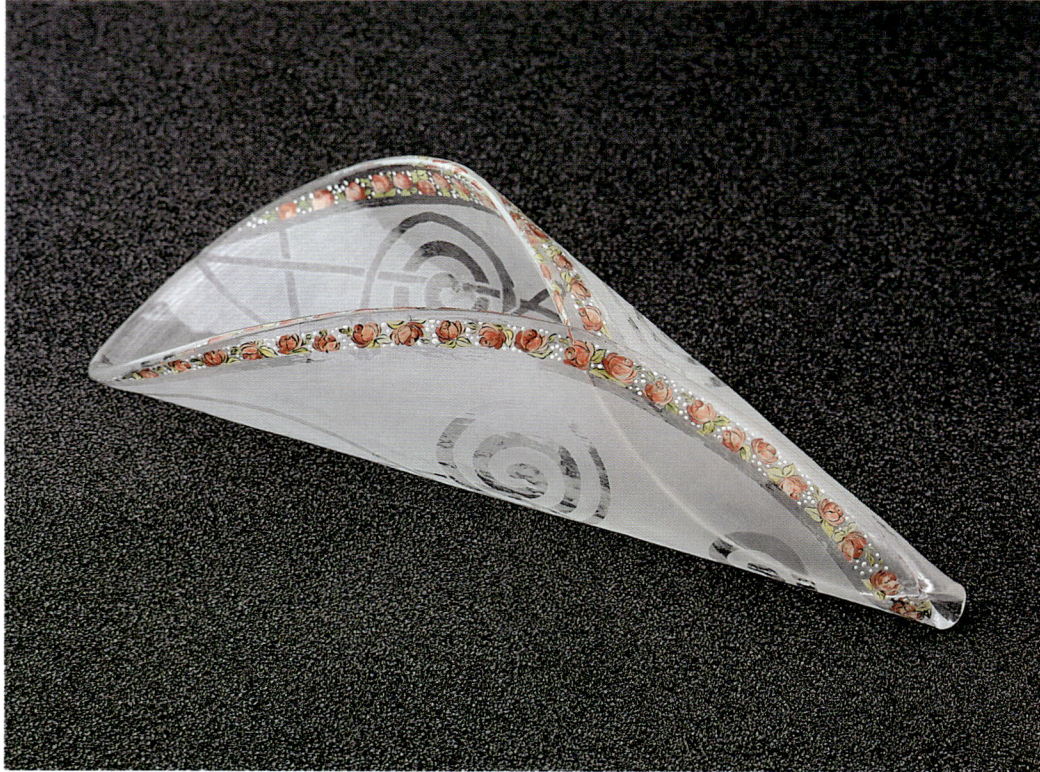

Abbildung 135
Gestupfter Hintergrund

GLASMALEREI

PROJEKT 14 – WANDSPIEGEL

MATERIAL	FARB-NR.	ZUSCHNITT
Fensterscheibe		40 x 40 cm
Spiegel		etwa 15 x 30 cm
Seidenmatt	Chroma Nr. 1521	
Dunkelblau, opak	Chroma Nr. 2126	
Himmelblau, opak	Chroma Nr. 2120	
Gelb, opak	Chroma Nr. 2135	
Glanzplatin	Chroma Nr. GP105	
Kristalleis, grob	Chroma Nr. 1525	
Kleber für Kristalleis	Chroma Nr. 1612	
Medium für indirekten Siebdruck	Chroma Nr. 1601	
Filmlösung	Chroma Nr. 1610	
Trägerpapier für indirekten Siebdruck	Chroma Nr. D-2000	

Ist es ein Wandspiegel oder ein Bild? Erfreuen Sie sich an diesem nicht alltäglichen Spiegel, den Sie genau in den zu Ihrer Einrichtung passenden Farben gestalten können.

Stupfen Sie die ganze Fensterscheibe mit Seidenmatt, und brennen Sie sie bei 560°C mit Oberhitze. Nun stellen Sie auf dem Trägerpapier für indirekten Siebdruck ein Abziehbild her, und zwar in den Farben Himmelblau und Dunkelblau. Geben Sie an einigen Stellen ein wenig Gelb dazu. Überziehen Sie die Motive mit der Filmlösung. Nun schneiden oder reissen Sie Stücke aus dem Abziehbild. Applizieren Sie nun das Abziehbild auf die Glasscheibe. Lesen Sie, falls nötig, den Abschnitt über den indirekten Siebdruck auf Seite 86 nach. Achten Sie darauf, dass keine Luftblasen entstehen. Stechen Sie diese allenfalls mit einer Nadel auf, und drücken Sie das Wasser heraus. Wenn das Abziehbild gut haftet, tragen Sie das grobe Kristalleis an einigen Stellen auf. Brennen Sie das Stück ein zweites Mal mit Oberhitze bei 560°C.

Mit Platin dekorieren Sie nun einen Teil des Kristalleises. Setzen Sie mit der Feder Akzente mit Platin und Gelb. Unterschreiben Sie die Scheibe, und brennen Sie sie ein weiteres Mal bei 560°C mit Oberhitze.

Pausen Sie die Fläche, die Sie für den Spiegel vorgesehen haben, ab. Übertragen Sie diese Vorlage auf einen Spiegel. Schneiden Sie den Spiegel freihand aus, und schleifen Sie die Kanten sehr sauber. Fixieren Sie den Spiegel mit Doppelklebeband auf der Trägerscheibe. Auf der Rückseite bringen Sie – ebenfalls mit Doppelklebeband (für starke Fixierung) – eine Aufhängevorrichtung an.

Abbildung 136
Brand des indirekten Siebdruckes

GLASMALEREI

Abbildung 137
Wandspiegel

PROJEKT 15 – SCHALE MIT AZTEKENKALENDER

Dieses aufwendige Projekt ist eher für geübte Malerinnen und Maler geeignet. Der Aztekenkalender und die schlichte Form der Schale haben mich zu dieser Umsetzung angeregt. Erdige Farben passen wunderbar dazu.

Schneiden Sie 21 Rechtecke aus Abdeckfolie, und kleben Sie sie zentriert auf die Schale. Stupfen Sie die Schale, mit Ausnahme des Bodens, mit Metallic-Kupfer. Es folgt ein erster Brand bei 560 °C mit Seitenhitze. Halten Sie die Temperatur während 10 Minuten.

Die Symbole des Aztekenkalenders werden in die Leerfelder mit einem kurzen, dicken Pinsel gemalt. Diese Arbeit erleichtern Sie sich, indem Sie auf die Innenseite der Schale eine Skizze der Motive aufkleben. Wenn die Farbe trocken ist, konturieren Sie alle Motive mit Schwarz mit einem feinen Pinsel oder einer Feder. Sie können vor dem Konturieren die Schale jedoch auch noch einmal brennen. Dies vereinfacht Ihnen den Arbeitsgang des Konturierens. Beim zweiten Brand wird wieder auf 560 °C mit Seitenhitze geheizt, aber die Temperatur nicht gehalten.

MATERIAL	FARB-NR.
Gläserne Schale	
Metallic-Kupfer	Chroma Nr. 1462
Dunkelgrün, opak	Chroma Nr. 2110
Dunkelblau, opak	Chroma Nr. 2126
Schwarz, opak	Chroma Nr. 2131
Hellrot, opak	Chroma Nr. 2141
Rot, opak	Chroma Nr. 2142
Hellelfenbein, opak	Chroma Nr. 2146
Rotbraun, opak	Chroma Nr. 2150
Dunkelbraun, opak	Chroma Nr. 2151
Gelb, transparent	Chroma Nr. 2182
Glanzgold	Chroma Nr. GG100/12
Universalmedium	Chroma Nr. 1600
Konturenmedium	Chroma Nr. 1602
Verdünner für Universalmedium	Chroma Nr. 1604
Abdeckfolie	

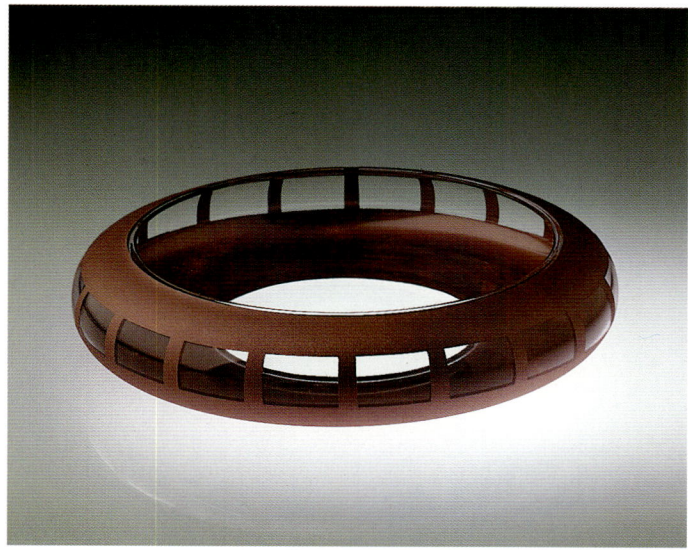

Abbildung 138
Mit Metallic-Kupfer gestupfte Schale

GLASMALEREI

Abbildung 139
Schale mit Aztekenkalender

GLASMALEREI

129

Abbildung 140
Gemalte und konturierte Motive

Schützen Sie nun auf der Innenseite der Schale den äusseren Rand der jeweiligen Rechtecke. Umranden Sie auf der Aussenseite der Schale jedes Feld mit Gold. Nun stupfen Sie auf der Innenseite jedes Feld mit transparentem Gelb. Entfernen Sie die Folie. Schreiben Sie mit der Feder Tag und Bedeutung jedes einzelnen Symbols unter das jeweilige Feld auf der Innenseite der Schale. Kontrollieren und signieren Sie das Stück. Der letzte Brand erfolgt bei 560°C mit Seitenhitze, ohne dass die Temperatur gehalten wird.

Abbildung 141
Detailaufnahme der Schale

GLASMALEREI

PROJEKT 16 – TIEFE SCHALE

Die venezianischen Masken und die fröhliche Stimmung des Karnevals haben mich zu dieser bunten Schale inspiriert. Die stilisierten Gesichter erinnern an die Figuren des italienischen Karnevals, und die warme orange Farbe gibt etwas von dessen sinnlicher Atmosphäre wieder.

MATERIAL	FARB-NR.
Gläserne Schale	
Seidenmatt	Chroma Nr. 1521
Relief-Schwarz	Chroma Nr. 1526
Hellrot, opak	Chroma Nr. 2141
Grün, transparent	Chroma Nr. 2170
Gelb, transparent	Chroma Nr. 2182
Blau, transparent	Chroma Nr. 2176
Rot, opak	Chroma Nr. 2142
Glanzgold	Chroma Nr. GG100/12
Universalmedium	Chroma Nr. 1600
Verdünner für Universalmedium	Chroma Nr. 1604
Konturenmedium	Chroma Nr. 1602

Zeichnen Sie mit einem wasserfesten Filzstift die Maskenmotive, das Band sowie den Rand auf die Rückseite der Schale. Mit Relief-Schwarz werden die Konturen der Masken, des Bandes sowie des Randes mit dem Whipe-out-stick gezogen. Der Hintergrund des Maskenteils wird mit Relief-Schwarz-Punkten versehen. Den äussersten Rand stupfen Sie nun mit Rot. Kontrollieren Sie das Stück auf Unreinheiten, und brennen Sie es bei 560 °C mit Oberhitze.

Abbildung 142
Mit Relief-Schwarz konturierte Schale

GLASMALEREI

131

Abbildung 143
Tiefe Schale

Schützen Sie die Maskenmotive mit einem dicken Auftrag von Filmlösung, wie auf Seite 85 beschrieben. Lassen Sie den Abdecklack gut trocknen. Dann erst stupfen Sie den einen Maskenteil mit Hellrot und den anderen Teil mit Hellrot im Verhältnis 1:1 mit Seidenmatt gemischt. Entfernen Sie den Abdecklack mit einem spitzen Gegenstand, und brennen Sie die Schale wieder bei 560 °C mit Oberhitze.

Decken Sie das Band, das quer über die Schale läuft, mit kleinen Quadraten ab, und stupfen Sie es mit Seidenmatt. Entfernen Sie die Abdeckfolie. Mischen Sie nun das Hellrot mit Konturenmedium. Ziehen Sie damit kleinere Maskenmotive in den helleren Teil der Schale. Brennen Sie das Stück wieder bei 560 °C mit Oberhitze.

Die Masken werden bunt mit sehr flüssiger Farbe ausgemalt. Stupfen Sie auch den grossen Rand mit Farbe. Brennen Sie die Schale mit Oberhitze auf 560 °C.

Nun werden kleine Details mit Gold in die Masken gezogen. Das Band mit den seidenmatten Quadraten, das quer durch die Schale läuft, wird komplett vergoldet. Den bunten Rand vergolden Sie mit feinen Motiven, und auf der Aussenkante der Schale tragen sie grobes Kristalleis auf. Signieren und kontrollieren Sie das Stück, bevor Sie es ein letztes Mal bei 560 °C mit Oberhitze brennen. Wegen ihrer Dicke sollte die Glasschale bei jedem Brand während 20 Minuten bei 520 °C entspannt werden.

Abbildung 144
Schale mit gemaltem und dekoriertem Hintergrund

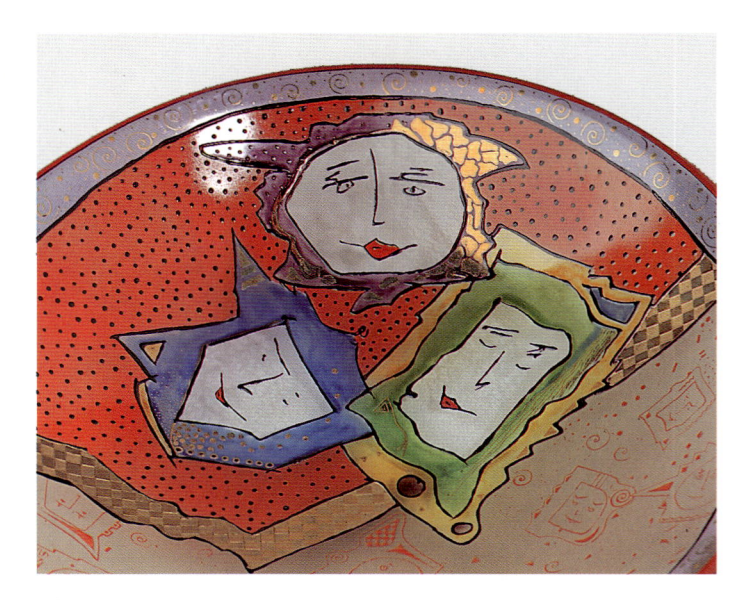

Abbildung 145
Detailaufnahme der Schale

PROJEKT 17 – BILD

MATERIAL	FARB-NR.	ZUSCHNITT
Fensterglas		30 x 30 cm
Fensterglas		44 x 44 cm
Seidenmatt	Chroma Nr. 1521	
Dunkelrot, opak	Chroma Nr. 2145	
Schwarz, opak	Chroma Nr. 2131	
Dunkelgrün, opak	Chroma Nr. 2110	
Hellgrün, opak	Chroma Nr. 2102	
Zitronengelb, opak	Chroma Nr. 2132	
Metallic-Silber	Chroma Nr. 1460	
Lüster Silberiris	Chroma Nr. LU34	
Filmlösung	Chroma Nr. 1610	
Universalmedium	Chroma Nr. 1600	
Verdünner für Universalmedium	Chroma Nr. 1604	
Abdeckfolie		
Schwamm		

Eine Glasmalerei braucht nicht unbedingt einen Nutzen zu erfüllen, sondern sie kann ganz einfach auch zu einem künstlerisch gestalteten Gegenstand werden, der uns erfreuen soll – wie dieses Bild. Zart umrandet wirkt die Lotosknospe noch edler. Wie durch einen feinen Spitzenvorhang betrachtet, wird sie zu einem Bild, das jeden Raum schmückt.

Zeichnen Sie die Knospe auf einem Blatt Papier vor. Decken Sie einen Rand von 1,5 cm um ein zentriertes Quadrat von 14 cm Seitenlänge ab, und zwar auf der Vorder- und Rückseite der Fensterglas-Scheibe von 30 x 30 cm. Legen Sie nun die Skizze unter die Scheibe, und malen Sie die Knospe fein schattiert. Konturieren Sie alle Blütenblätter Ton in Ton mit der entsprechenden Farbe. Nun dekorieren Sie die Rückseite der Scheibe. Legen Sie das Glas auf vier Filzgleiter, damit die bereits bemalte Seite geschützt wird. Der äusserste Rand der Rückseite wird schön schattierend mit den Farben der Knospe gestupft. Die Rückseite der Knospe stupfen Sie mit Metallic-Silber. Nun entfernen Sie alle Folienstücke und kontrollieren das Stück. Die Trägerscheibe von 44 x 44 cm, die als Rahmen dienen wird, stupfen Sie mit Seidenmatt. Dann werden beide Scheiben ein erstes Mal bei 560 °C mit Oberhitze gebrannt. Dabei ist darauf zu achten, dass die mit der Knospe bemalte Scheibe mit der Knospe oben im Ofen liegt und unten – an unbemalten Stellen – mit Cerapaper unterstützt wird, damit keine unschönen Abdrücke auf der bemalten Fläche entstehen.

GLASMALEREI

Abbildung 146
Bild

GLASMALEREI

Die Knospe decken Sie mit schmalen Streifen von Abdeckfolie ab. Auf dem schmalen Rand schneiden Sie kleine Karos aus. Mit Filmlösung tragen Sie auf dem äussersten Rand verschiedene Motive auf. Das Quadrat mit der Knospe schwemmen Sie nun mit Lüster Silberiris (siehe Seite 80), und den äussersten Rand stupfen Sie mit Seidenmatt. Im schmalen, karierten Rand entfernen Sie jedes zweite Quadrat und malen es mit dem Pinsel rot aus. Mit dem Cutter wird der Abdecklack abgezogen, alle Folien werden entfernt. Nachdem Sie das Bild signiert haben, kontrollieren Sie es sorgfältig. Auf der Rückseite der Trägerplatte decken Sie mit Abdeckfolie einen 8 cm breiten, karierten Rand ab. Entfernen Sie wieder jedes zweite Quadrat, und stupfen Sie es mit Metallic-Silber. Nun erfolgt der zweite Brand der Scheiben bei 560°C mit Oberhitze. Stützen Sie beide Scheiben auf kleinen Stücken von Cerapaper ab, um die bemalten Flächen zu schützen.

Montieren Sie mit transparentem Doppelklebeband das Bild mit der Knospe zentriert auf die Trägerplatte. Ebenfalls mit Doppelklebeband (für starke Fixierung) wird auf der Rückseite ein Aufhänger befestigt.

Abbildung 147
Erster Brand des Bildes

Abbildung 148
Zweiter Brand des Bildes

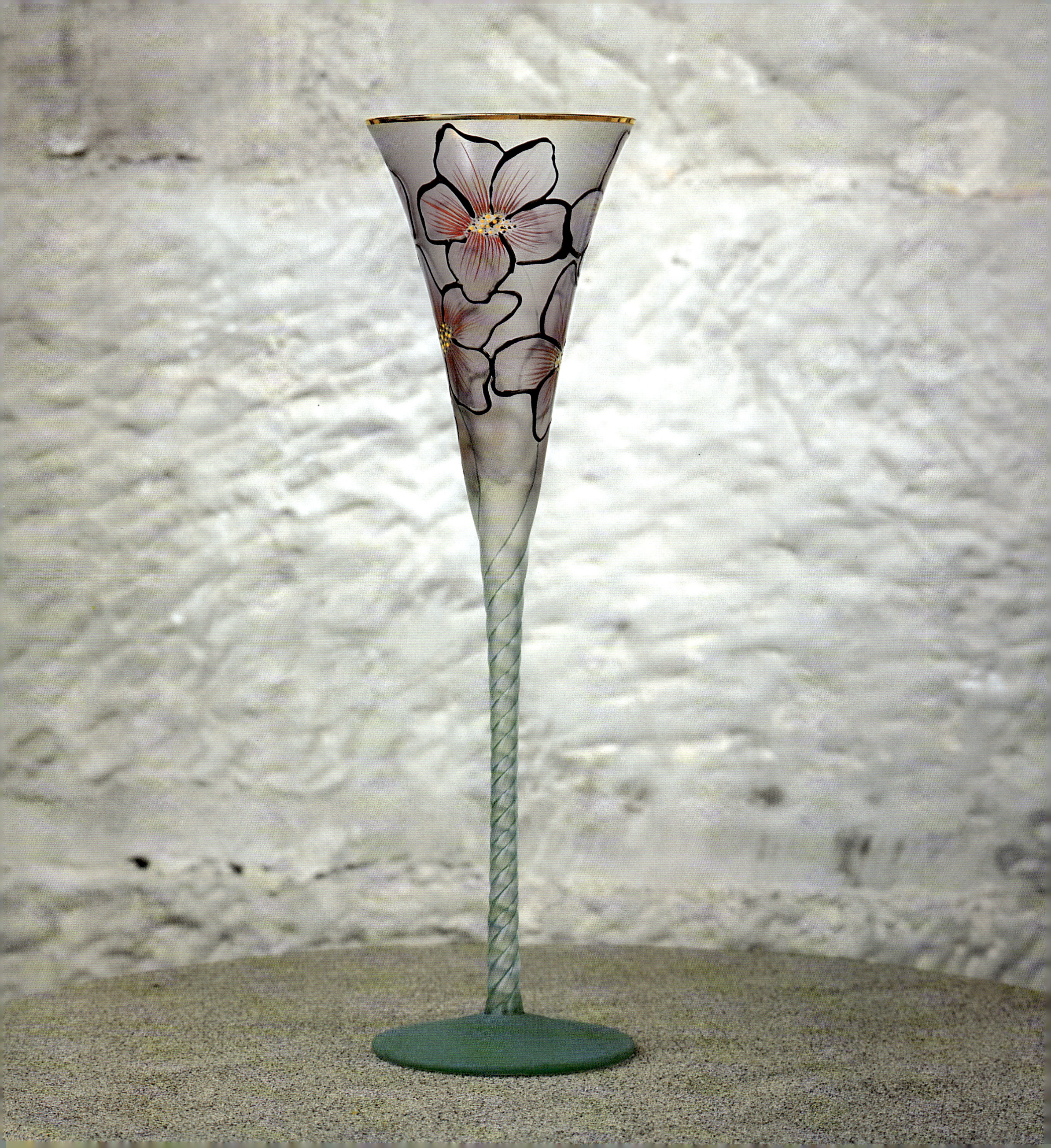

Flammenarbeit

Wissenswertes

Wie schon in der Einführung erwähnt, werden wir die Flammenarbeiten mit der Mehrzwecklötlampe ausführen. Da diese Flamme nicht so heiss ist wie eine Flamme aus dem Gasgemisch Propan und Sauerstoff, sind unsere Gestaltungsmöglichkeiten ein wenig eingeschränkt. Mit Phantasie und guten Ideen können wir aber trotzdem sehr schöne Projekte verwirklichen.

Auch bei der Flammenarbeit gilt die Regel, keine Gläser von verschiedenem Ausdehnungskoeffizient (AK) zu verschmelzen (siehe auch Seite 26). Weiter ist bei der Flammenarbeit ebenfalls zu beachten, dass das Glas nie schnell erhitzt werden darf, sondern langsam aufgeheizt werden muss. Halten Sie die Glasstange nicht lange direkt in die Mitte der Flamme, sondern nähern Sie sich mit Drehbewegungen langsam von aussen der Mitte der Flamme.

Ich verwende oft Überbleibsel von Bullseye-Glas. Da Bullseye-Glas auf Kompatibilität getestet im Handel erhältlich ist, können Sie sicher sein, keine unangenehmen Überraschungen zu erleben. Schneiden Sie die Reststücke in etwa 5 mm breite Streifen. Daraus lassen sich wunderschöne Glasperlen herstellen. Mit Stringers können Sie zusätzliche Dekorationen auf den Perlen anbringen.

Die Flammenarbeit mit der Mehrzwecklötlampe bereitet viel Spass und ist auch eine Spielerei. Um gute Resultate zu erhalten, braucht es aber schon ein wenig Übung. Geben Sie also nicht zu schnell auf. Denken Sie daran, dass all Ihre in der Flamme geformten Teile auch noch bemalt werden können.

FLAMMENARBEIT

Ausrüstung und Material

Abbildung 149
1. Mehrzwecklötlampe mit Hartlötbrenner
2. Trennmittel
3. Vermiculit (Abkühlgranulat) in Blechdose
4. Ceraboard-Unterlage (hitzebeständig)
5. Graphitstäbe
6. Werkzeuge für die Dekoration
7. Schutzbrille (gute Polaroid-Sonnenbrille)
8. grosser Becher mit Sand und vorbereitete Chromstahlstäbe für die Perlenherstellung
9. Glasstäbe, Glasstreifen, Stringers usw.
10. Anritzwerkzeug für Glasstäbe

Benötigtes Material für die Flammenarbeit mit der Mehrzwecklötlampe

❱ *Mehrzwecklötlampe*

Die Mehrzwecklötlampe mit dem Hartlötbrenner enthält Butan-Gas. Die Gaskartuschen sind überall im Handel erhältlich. Eine neue Gasflasche hat immer den höchsten Druck. Wenn Sie nacheinander mehrere Projekte erstellen wollen, fangen Sie also immer mit dem grössten an, denn grosser Druck bedeutet auch heissere Flamme.

❱ *Trennmittel*

Für beispielsweise die Perlenherstellung brauchen Sie ein spezielles Trennmittel, das auf die Chromstahlstäbe aufgetragen werden muss, damit das Glas nicht daran festklebt. Dieses pulverförmige Trennmittel wird mit Wasser sehr dick angerührt. Die Stäbe rauht man mit einem feinen Schleifpapier auf und taucht sie ins Trennmittel. Zum Trocknen des Trennmittels stecken Sie diese Stahlstäbe in den Sand.

❯ *Vermiculit*
Vermiculit ist ein hochisolierendes Granulat. Bei der Perlengestaltung dient es uns zur Abkühlung und Entspannung der Perlen. Man steckt die Perlen, die noch am Stahlstab sind, für 20 bis 60 Minuten in das Vermiculit. Die Zeit hängt von der Grösse der Perlen ab. So haben Sie die Gewähr, dass sich die Perlen nicht zu schnell abkühlen und infolge Spannungen zerspringen.

❯ *Ceraboard-Unterlage*
Ein Stück altes Ceraboard von 25 mm Dicke dient bestens als Arbeitsunterlage. Oft legt man noch heisses Material unüberlegt hin, oder ein Tropfen flüssiges Glas fällt Ihnen von der Stange. Dem Ceraboard macht das nichts. Auf einer normalen Arbeitsfläche könnten sich Löcher einbrennen.

❯ *Chromstahlstäbe*
Chromstahlstäbe verschiedener Dicke, in Trennmittel getaucht, dienen dazu, das Glas, aus dem die Perlen entstehen sollen, aufzunehmen. Das weiche Glas wickelt man um die Chromstahlstäbe. Gleichzeitig entsteht dadurch eine Öffnung, durch die man die Perlen später aufziehen kann.

❯ *Werkzeuge für die Dekoration*
Lange Pinzette, Graphit-Spachtel, Flachzange, kleine Graphit-Platten, Graphit-Stäbe: Dies sind Werkzeuge, die Sie für das Gestalten mit der Flamme brauchen. Mit der Pinzette können Sie beispielsweise kleine Spitzen aus dem noch weichen Glas ziehen. Die Flachzange dient zum Flachdrücken des Glases. Genauer werden wir den Einsatz der Werkzeuge in Zusammenhang mit den jeweiligen Projekten erläutern.

❯ *Schutzbrille*
Eine gute Polaroid-Sonnenbrille eignet sich bestens als Schutz vor dem hellen Flammenlicht. Gewöhnen Sie sich daran, die Brille immer zu tragen, wenn Sie mit der Flamme arbeiten.

❯ *Behälter mit Sand*
Dies ist die einfachste Lösung, um die Chromstahlstäbe griffbereit zu halten.

❯ *Glasstangen und -streifen*
Verschiedene Glasstangen, in Streifen geschnittene Gläser, Stringers usw. sind das Ausgangsmaterial für die Perlengestaltung und die Pflanzenstecker. Für die Deformation von Gläsern können Sie jedes beliebige Trinkglas verwenden. Oft lässt sich ein Weinglas, das einen kleinen Ausbruch am Glasrand hat, mit der Flamme zu einem lustigen Objekt umformen.

Korrekte Arbeitsabläufe

Bereiten Sie vor Arbeitsbeginn Ihren Arbeitsplatz gut vor. Legen Sie alle Werkzeuge bereit, stecken Sie die präparierten Stahlstäbe in den Behälter mit Sand. Kontrollieren Sie den Gasbrenner. Ist er gut zugedreht? Ist noch genügend Gas vorhanden? Wählen Sie die Glasstangen oder Gläser, und reinigen Sie diese gründlich. Ziehen Sie die Schutzbrille an. Erst jetzt können Sie mit dieser faszinierenden Arbeit anfangen. Stellen Sie die Flamme des Brenners auf die volle Grösse. (Beachten Sie unbedingt die Gebrauchsanweisung des Herstellers.) Die Flamme hat eine leichte Blaufärbung. Das Innere der Flamme ist von einem intensiveren Blau, hier ist sie besonders heiss.

Wärmen Sie das Glas zuerst im äusseren Teil der Flamme auf. Achten Sie darauf, das Glas dabei immer leicht zu drehen. Im Grunde muss das Glas in der Flamme ständig in Bewegung gehalten werden. Es kann sonst leicht geschehen, dass sich das Glas an einem Punkt plötzlich so stark erhitzt, dass es durchschmilzt. Erst wenn sich das Glas gut aufgewärmt hat und beginnt, sich zu verfärben, nähern Sie es dem heissen Flammenzentrum.

Flammenarbeit-Projekte

PROJEKT 1 – GLASPERLEN

Für die Glasperlen-Gestaltung nehmen Sie die präparierten Chromstahlstäbe in die linke Hand und die Glasstange in die rechte. Nun werden beide Stücke im vorderen Teil der Flamme aufgewärmt. Dabei drehen Sie die Stücke konstant. Wenn sich der Glasstab verfärbt, gehen Sie an den heissen Teil der Flamme. Nun wird das Glas erst dunkelrot, dann immer heller, bis es orange ist. Das Glas ist nun weich, der Stab heiss, und Sie können mit einer drehenden Bewegung mit dem Aufwickeln des Glases um den Stab beginnen.

Wenn die gewünschte Grösse der Perle erreicht ist, ziehen Sie den Glasstab langsam weg und schmelzen den dünnen Faden durch. Denken Sie daran, das Stück immer drehend in der Flamme zu halten. Nun können Sie die Perlen noch mit Stringers dekorieren oder die Form verändern, indem Sie das Glas mit der Flachzange zusammendrücken. Abbildung 150 zeigt Ihnen einige Beispiele.

Nachdem die Perlen im Vermiculit abgekühlt und entspannt sind, lassen sie sich leicht mit Drehbewegungen vom Chromstahlstab lösen.

Abbildung 150
Dekorationsmöglichkeiten von Perlen

FLAMMENARBEIT

Abbildung 151
Perlenherstellung

Abbildung 152
Durchbrennen des Glasfadens

FLAMMENARBEIT

143

Abbildung 153
Schmuck aus Glasperlen

FLAMMENARBEIT

PROJEKT 2 – PFLANZENSTECKER

Nehmen Sie eine längere Glasstange, die Sie mit beiden Händen an den Enden fassen. Nun halten Sie die Mitte der Stange in den vorderen Teil der Flamme zum Aufwärmen. Denken Sie daran, die Stange immer zu drehen. Nach einer kurzen Zeit gehen Sie an den heissen Teil der Flamme. Drehen Sie die Stange, bis sie orange ist, und drücken Sie sie mit beiden Händen leicht zusammen. Nun entsteht in der Mitte eine Verdickung.

Am Ende der Verdickung schmelzen Sie nun den einen Teil der Stange weg. Anschliessend drücken Sie diese Verdickung mit der Zange flach und biegen sie ein wenig nach vorne.

Mit der Pinzette können Sie einige Spitzen aus dem noch weichen Glas ziehen. Wenn der Pflanzenstecker fertig ist, muss er zur Entspannung in den Ofen gelegt werden. Bei Projekten dieser Grösse reicht das Vermiculit für das Entspannen nicht aus. Die Stücke werden in den Ofen gelegt, auf 520°C aufgeheizt und 20 Minuten entspannt. Lassen Sie den Ofen geschlossen abkühlen.

Ich habe die Pflanzenstecker noch mit einem Farb- und Golddekor versehen.

Abbildung 154
Verdickung der Glasstange

Abbildung 155
Formgebung des Pflanzensteckers

FLAMMENARBEIT

Abbildung 156
Pflanzenstecker

PROJEKT 3 – VERFORMUNG VON TRINKGLÄSERN

Alten Trinkgläsern eine neue Form zu geben, ist etwas überaus Reizvolles. Verformte Gläser können auch sehr ausgefallene und spezielle Geschenke sein. Ausserdem lassen sich auf diese Weise alte Gläser mit verletztem Rand ausbessern, und sie erhalten ein neues, attraktives Aussehen.

Halten Sie das Glas drehend in den vorderen Teil der Flamme zum Aufwärmen. Nun gehen Sie langsam in den heissen Teil der Flamme über und erweichen den Teil des Glases, den Sie verformen möchten. Mit dem Graphit-Spachtel drücken Sie es zum Beispiel zu einem Rechteck.

Mit der Pinzette ziehen Sie Spitzen am oberen Rand.

Wenn Sie den Stiel eines Weinglases verformen wollen, halten Sie das Glas am Kelch und am Boden über der Flamme und verformen ihn im weichen Zustand.

Lassen Sie Ihrer Phantasie freien Lauf. Wenn Sie mit dem Resultat zufrieden sind, müssen die Gläser entspannt werden. Legen Sie sie in den Ofen, heizen Sie ihn auf 520°C auf. Halten Sie die Temperatur während 15 Minuten.

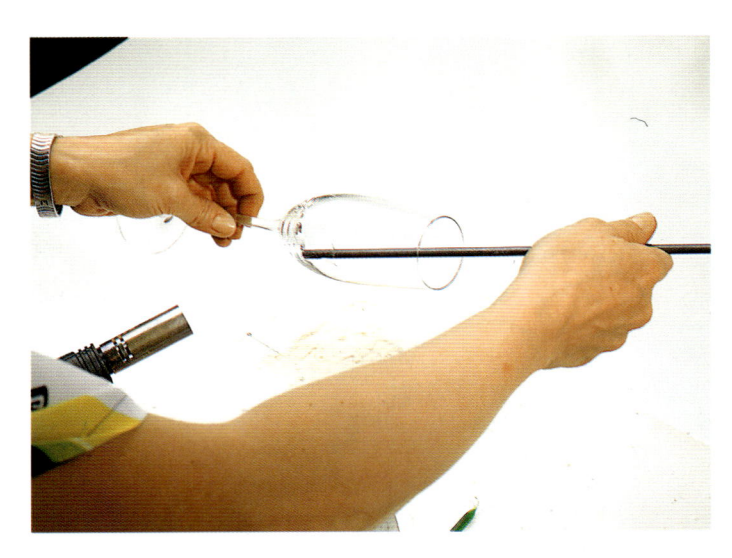

Abbildung 157
Verformung des Glases

Abbildung 158
Verformung des Glasrandes

Abbildung 159
Verformung des Glasstiels

FLAMMENARBEIT

147

Abbildung 160
Verformtes Glas

Trouble Shooting

Glass Fusing

Die Glaskanten sind nicht schön abgerundet.

Sie haben nicht mit genügend hohen Temperaturen gebrannt. Wiederholen Sie den Brennvorgang mit einer um 20°C höheren Temperatur.

Auf dem Glas entstehen matte Stellen.

Sie haben im hohen Temperaturbereich zu langsam aufgeheizt oder die Temperatur zu lange gehalten. Beim Fullfuse-Brand muss die schnelle Aufheizphase wirklich in kurzer Zeit erfolgen. Ein Ausweg ist, die Temperatur nicht zu halten und statt dessen eine um 10°C höhere Endtemperatur zu wählen.

Es bleibt Shelf Primer am Glas haften.

Der Shelf Primer war vor dem Bestücken nicht richtig trocken.

Glasmalerei

Die Farben glänzen nach dem Brand nicht.

Beachten Sie die Brennkurve, vielleicht haben Sie zu wenig hoch gebrannt.

Die gebrannte Farbe splittert ab.

Sie haben die Farbe viel zu dick aufgetragen.

Die Trinkgläser verbiegen sich beim Brennen.

Trinkgläser sollten nur mit Seitenhitze gebrannt werden. Sollte eine Temperatur von 560°C für Ihren Ofen zu hoch sein, reduzieren Sie die Temperatur um 20°C und halten dafür die Endtemperatur 5 Minuten.

Wie rettet man verbogene Trinkgläser?

Oft können verbogene Trinkgläser gerichtet werden, indem man sie am Fuss im Ofen aufhängt und 20°C höher brennt, das heisst mit einer Temperatur von 580°C.

Die Farbe läuft nicht von der Feder.

Mischen Sie die Farbe nochmals mit Konturenmedium durch, und fügen Sie einige Tropfen Wasser dazu. Bei sehr warmer Umgebungstemperatur empfiehlt es sich, der Farbe Wasser beizufügen.

Der Abdecklack lässt sich nicht restlos entfernen.

Er wurde zu dünn aufgetragen. Lassen Sie die Farbe ganz trocknen, und tragen Sie nochmals Lack auf den gleichen Stellen auf. Wenn der Lack trocken ist, können Sie ihn mühelos entfernen.

Die Stupfarbeit gelingt nicht regelmässig.

Die Farbe ist zu dick. Entfernen Sie die unschöne Stupfarbeit, und fügen Sie der Farbe mehr Verdünner bei. Nun sollte die Stupfarbeit gelingen.

Der Lüster bildet keinen Film auf dem Wasser.

Das Wasserbad war zu kalt. Wechseln Sie das Wasser.

Nur ein Teil des Stückes ist richtig gebrannt.

Lassen Sie den Ofen von einem Fachmann kontrollieren. Es wäre möglich, dass die Heizspiralen nicht mehr regelmässig heizen.

Achten Sie darauf, dass Sie beim Bestücken des Ofens genügend Luft zwischen den einzelnen Teilen haben. Die heisse Luft muss gut zirkulieren und jede Stelle des Brenngutes erreichen können.

Entfernen von Gold-, Platin- und Lüsterspuren.

Verwenden Sie dazu einen starken Rostentferner (Drogerie). Tragen Sie bei der Arbeit mit diesem Mittel immer Gummihandschuhe, um die Haut zu schützen, denn Rostentferner ist stark ätzend. Spülen Sie die gereinigte Stelle gründlich mit klarem Wasser.

Flammenarbeit

Die Glasstange wird nicht weich.

Sie haben zu wenig Druck im Gasbehälter. Wechseln Sie die Kartusche.

Die Glasperlen mattieren.

Sie haben zu lange im heissesten (blauesten) Teil der Flamme gearbeitet.

Entfernen des Trennmittels von den Perlen.

Drücken Sie mit Hilfe eines Zahnstochers Stahlwatte durch die Öffnung.

Literaturverzeichnis und Bezugsquellen

Literatur

Cummings, Keith: Techniques of Kiln-formed Glass, 1997, A & C Black

Hattel, Birthe: Magic on Glass, New approaches to glass painting, 1990, Skarv/ Høst & Søn, Kopenhagen

Lundstrom, Boyce and Schwoerer, Daniel: Glass Fusing, Bd. 1, 1983, Vitreous Publications

Lundstrom, Boyce: Advanced Fusing Techniques, Glass Fusing Bd. 2, 1989, Vitreous Publications

Lundstrom, Boyce: Glass Casting & Moldmaking, Glass Fusing Bd. 3, 1989, Vitreous Publications

Quagliata, Narcissus: Painting with Light, 1986, Museo Franz Mayer, Il cigno Galileo Galilei – Edizioni di arte e scienza srl, Rom

Schmölders, Wolfgang: Glasverschmelzung, Eine Anleitung zum Glas-Fusing, 2. Aufl. 2002. Bezug: Glashaus-Verlag, Stadtgarten 4, 47798 Krefeld, E-Mail: glashaus-verlag@t-online.de

Volkmann, Evamarie und Volkmann, Volker: GlasDesign, Vorlagen-Mappen für Tiffany-Hobby: Glasperlen, 1996, Volkmann-Verlag

Bezugsquellen

Schweiz

- Chroma BEB AG
Vogelhalde 11
CH-8532 Warth
Fax: 0041 52-747 17 63
E-Mail: info@bettina-eberle.ch
Internet: www.bettina-eberle.ch
(Farben und Zubehör)

- Creative Glass MHS AG
Geerenstraße 13
CH-8604 Volketswil
Fax: 0041 44-946 12 31
E-Mail: info@creative-glass.com
Internet: www.creative-glass.com
(Glas, Werkzeuge, Brennöfen und Zubehör, Formenmaterial)

- Hergiswiler Glas AG
CH-6052 Hergiswil
Fax: 0041 41-630 21 57
E-Mail: info@glasi.ch
Internet: www.glasi.ch
(Glasobjekte zum Bemalen)

- Michel
Lerchenhalde 73
CH-8046 Zürich
Fax: 0041 44-372 20 30
E-Mail: michel@michel.ch
Internet: www.michel.ch
(Brennöfen und Zubehör)

Deutschland

- Bohle AG
Siemensstraße 1
D-42755 Haan
Fax: 0049 2129-55 67 412
E-Mail: bohle-artglass@bohle.de
Internet: www.bohle.de
(Glas, Werkzeuge, Brennöfen und Zubehör, Formenmaterial)

- C & R Loo GmbH
Heisenbergstraße 19
D-50169 Kerpen
Fax: 0049 2237-92 82-10
E-Mail: CRLOOK@t-online.de
(Glas, Werkzeuge, Brennöfen und Zubehör, Formenmaterial)

- Glashaus-Verlag
Stadtgarten 4
D-47798 Krefeld
Fax: 0049 2151-97 83 41
E-Mail: glashaus-verlag@t-online.de
Internet: www.glashaus-magazin.de
(Brennöfen und Zubehör)

- GLS Spezial- und Farbglashandel GmbH
Hasenheide 9
D-82256 Fürstenfeldbruck
Fax: 0049 8141-534 67-10
E-Mail: gls@glsgmbh.de
Internet: www.glsgmbh.de
(Glas, Werkzeuge, Brennöfen und Zubehör, Formenmaterial)

- KITTEC GmbH
St.-Georg-Straße 69
D-83024 Rosenheim
Fax: 0049 8031-89 27 79
E-mail: office@kittec.de
Internet: www.kittec.de
(Hersteller von Glasfusing-Öfen, Spezialist zur Heizleiterfertigung, Materialien für den Selbstbau)

- KSO-Gobi Ofenbau GmbH
Am Güterbahnhof 21
D-47608 Geldern
Fax: 0049 2831-875 89
E-Mail: kso-gobi@t-online.de
Internet: www.kso-gobi.de
(Brennöfen und Zubehör)

- Kurt Merker GmbH
Elsterstraße 6
D-93309 Kelheim
Fax: 0049 9441-128 15
E-Mail: k-merker@t-online.de
(Werkzeuge)

- TGK, Tiffany Glas Kunst GmbH
Helleforthstraße 18–20
D-33758 Schloß Holte-Stukenbrock
Fax: 0049 5207-91 28 40 u. 50371
E-Mail: tgk@tgk.de
Internet: www.tgk.de
(Glas, Werkzeuge, Brennöfen und Zubehör, Formenmaterial)

Österreich

- Farbglas Dvorak
Breitenfurter Straße 276
A-1230 Wien
Fax: 0043 1-86 53 120
E-Mail: office@farbglas-dvorak.at
Internet: www.farbglas.at
(Glas, Werkzeuge, Brennöfen und Zubehör, Formenmaterial)

Sachregister

Abdeckfolie 69, 83 f.
Abdecklack 85,
   siehe auch Filmlösung für indirekten Siebdruck
Absenkung 29
Abziehbild für indirekten Siebdruck 86, 88 f., 125
Ausdehnungskoeffizient 26, 137
Bild 130 ff.
Bleiglas 11, 67
Blumen malen 73, 122
Blumenvase 117 ff.
Borsilikatglas 11, 67
Brennabläufe 28 f., 67
Brenntemperaturen 29, 67
Ceraboard 31, 139
Cerapaper 31
Champagner-Gläser 110 ff.
Dekorationselemente
   Glaskügelchen 60
   Stringer 16, 58, 60
Dekorkugeln 92 ff.
Entspannungspunkt 28, 67
Farben anmischen 70
Federarbeit 72, 75
Fensterdekoration 38 ff.
Fensterglas *siehe* Floatglas
Fiberfolie 16
Filmlösung für indirekten
   Siebdruck 86, 88
Flammenarbeit 137 ff.
   Arbeitsabläufe 140
   Ausrüstung und Material 138
   Dekorationswerkzeuge 139
   Trennmittel 138
   Vermiculit 139
Floatglas 11, 13
Flussmittel 11
Formen 16, 31

Fullfuse-Brand 15, 29
Glas brechen 19 f.
   mit der Kröselzange 22
Glas schleifen 24
Glas schneiden 19 f.
   Freihandschnitte 22
   Rondellen schneiden 21 f.
   Schnitte nach Vorlage 23
Glas
   Chem. Zusammensetzung 11
   Farbe des Glases 13
   Herstellungsarten 11
   Kompatibilität 26, 137
   Spannung 26
   Verarbeitungsarten 12 f.
Glasblasen 12 f.
Glasemail-Farbe 18
Glasgiessen 12 f.
Glaskügelchen für Dekoration 60
Glasmalerei 67 ff.
   Arbeiten mit Abdeckfolie 83 f.
   Arbeiten mit Abdecklack 85
   Ausrüstung und Material 68 f.
   Blumen malen 73, 122
   Brennen 67
   Farben 67, 69
   Farben anmischen 70
   Federarbeit 72, 75
   Glasarten 67
   Gold- und Platinauftrag 75
   Interferenzfarben 79
   Kristalleis 77
   Lüster 80 ff.
   Ofen 67
   Pinsel 69, 73, 75, 91
   Pinselarbeit 73
   Reliefauftrag 76
   Seidenmatt stupfen 71
   Trockenauftrag 91

Glasperlen 138 f., 141
Glaspressen 13
Glass Fusing 12, 15
   Ausrüstung und Material 16
   Brennprozess 28 f.
   Formen 31
Glasschleifen 12, 24
Glasschneider 16
Glasschrott *siehe* Junk de verre
Glasspaghetti *siehe* Stringer
Glastüte 122 ff.
Goldauftrag 75
Hängelampe 99 f.
Indirekter Siebdruck 86, 125
Interferenzfarben 79
Junk de verre 48
Kerzenteller 95
Kompatibilität von Glas 26, 137
Kordierit-Platten 31
Kreisschneider 16
Kristalleis 69, 77
Kristallglas *siehe* Bleiglas
Kröseln 21 f.
Kröselzange 16
Kugelvase 120 f.
Lüster 80 ff.
Medien 69
Mehrzwecklötlampe 137 f.
Natronkalkglas 11, 67
Ofen 18, 67
   für Glasmalerei 67
   Vorbereiten des Ofens 25
Pflanzenstecker 144
Pinsel 69, 73, 75, 91
Platinauftrag 75
Platzteller 33, 101 ff.
Recycling von Glasstücken 42, 48, 137
Relief-Farben 69, 76

Rundkopf-Schleifmaschine 24
Sachregister
Schale aus Junk de verre 48
Schale mit Aztekenkalender 127 ff.
Schale, quadratisch 56 f.
Schale, rund 58 f.
Schale, tief 130 ff.
Scheiben-Schleifmaschine 24
Schmuck 42 ff., 143
Schneideöl 16
Seidenmatt stupfen 71
Seifenschale 37, 96
Serviettenhalter 46 f.
Shelf Primer 18
   Anmischen 25
   Auftragen 25
Spiegel, oval 50 ff.
Streifenschneider 19
Stress *siehe* Glas, Spannung
Stressometer 18, 26
Stringer 16
   Verformung von 58, 60
Trennmittel 18, 25, 138,
   siehe auch Shelf Primer
Trockenauftrag 91
Überformung 29
Vase 107 ff.
Vase, schlank 115 f.
Verformung von Trinkgläsern 146
Vermiculit 139
Wandlampe, flach 35, 104 ff.
Wandlampe, gewölbt 53 ff.
Wandobjekt 62 ff.
Wandspiegel 125 ff.
Whipe-out-stick 69, 76
Windlicht 97 f.